成果をあげる経営陣は「ここ」がぶれない

今こそ必要なドラッカーの教え

國貞克則

朝日新聞出版

はじめに

本書の目的は、変化の時代における「会社役員の役割」を再確認し、経営者としての「考え方の軸」を整理してもらうことです。

企業を取り巻く環境が変化しています。最近の経営に関するキーワードを挙げれば、コンプライアンス・ガバナンス・サステナビリティ・ESG[*1]・SDGs[*2]・長期的企業価値向上といった言葉が並びます。

この背景にあるものの一つは、行き過ぎた株主資本主義や短期利益の追求による弊害が指摘されるようになり、企業経営に求められることが短期的視点から長期的視点に移ってきているということです。

また、ただ単に長期的視点に移ってきたというだけでなく、地球温暖化や人権問題といった社会課題への取り組みが強く求められるようになりました。いまや社会課題に積極的に

＊1　企業の長期的成長にとって大切なEnvironment（環境）、Social（社会）、Governance（ガバナンス）を考慮した企業経営や投資活動。

＊2　Sustainable Development Goals（持続可能な開発目標）の略で、２０１５年９月に国連サミットで採択された、２０３０年を達成期限とした17の目標を指す。

取り組まない企業は、顧客や市場から見限られる時代になってきています。

さらに、インターネットとデジタル化による産業構造の大きな変化の中で、従来のビジネスモデルが時代遅れになり、新規事業の創造が急務になってきている企業も少なくありません。

これら「社会課題への対応」や「新規事業の創造」といった新しい課題に、会社役員としてどう取り組めばよいのでしょうか。新しい課題ですから社内に参考になる事例などないでしょう。他社の事例をそのまま真似してもうまくいきそうにないことはすぐにわかります。なぜなら、会社の事情や置かれた状況は会社によってさまざまだからです。

結局、新しい課題にどう取り組むかは、それぞれの会社の経営陣が独自に考えるしかありません。では、何を「考え方の軸」にして、これらの新しい課題に取り組めばよいのでしょうか。

変化の時代にこそ頼るべきものは、時代が変わっても変わらない「物事の本質」です。時代がいかに大きく変化しようと、企業という存在を大局的に眺めてみれば、「企業は社会に存在する人間組織である」という企業の本質は何も変わっていないのです。

本書の考え方のベースになっているのはドラッカー経営学です。ドラッカーは「マネジメントの父」と呼ばれ、人類史上初めてマネジメントという分野全体を体系化した人であり、大局的な視点で物事の本質を見抜くことに天賦《てんぷ》の才があった人です。２００５年に亡くなりましたが、いまでもアマゾン・グーグル・ユニクロといった優良企業の経営者たちに影響を与え続けています。

そのドラッカーは50年以上前に、社会課題への対応は企業が果たすべき重要な役割の一つであるとして、その対応についての基本的な考え方を整理してくれています。

また、経営の重要な側面として、現在と未来を同時に見ていくことを挙げ、イノベーションや起業家精神による未来創造の重要性を説いています。それも、ふわふわとしたアイデアによる未来創造ではなく、地に足の着いた未来創造の方法論を私たちに示してくれています。

さらにドラッカーは、株主資本主義がもてはやされていた１９９０年代後半に、行き過ぎた株主資本主義や短期利益追求指向がやがて修正されることになると見通していました。ドラッカー経営学を学んできた私としては、50年の時を経て、時代がやっとドラッカーの考え方に追いついてきたというか、本当にドラッカーが必要な時代になってきたように感じています。

会社役員の役割についての解説書はたくさん出版されています。ただ、それらは「取締役の善管注意義務」といった法的側面からアプローチしたものが多いと感じます。もちろん、自分の身を守るためにも、法的側面から会社役員としての自らの役割と責任を明確にしておくことは極めて重要です。

しかし、法的側面を中心に自らの役割と責任を考えると、発想や行動が縮こまってしまう危険性があると思います。本書は「社会に存在する人間組織の運営責任者」という側面から、会社役員の役割と責任にアプローチしています。

具体的な内容としては、ドラッカー経営学をベースにした「経営の本質」「会社役員の役割」「未来創造の方法論」「会社役員が成果をあげるための考え方」などです。

「財務会計」についても触れます。会社役員は財務会計がわかっていないと話になりません。読者のみなさんは、なぜ最近ＲＯＩＣ（Return On Invested Capital：投下資本利益率）が重視されているのか、その意味がおわかりでしょうか。財務会計の観点からも会社役員の役割について説明します。

さらに本書では、そもそも「企業とは何か」「意思決定とは何か」といった企業経営に関する本質的な問いを投げかけます。いまみなさんがそれらの問いにどのように答えるのか。ご自身で、企業経営に関する本質的な問いへの答えを考えながら本書を読めば、視野の広がりと視点の高まりを感じると共に、頭の中がしだいに整理されていくことを感じていただけると思います。

大きな変化の時代だからこそ頼るべきものは、時代が変わっても変わらない物事の本質です。ドラッカー経営学を通して、経営の本質と会社役員の役割を再確認すると同時に、経営者としての自らの「考え方の軸」を整理し、日々の仕事に活かしていただきたいと思います。

Contents

第2章

会社役員の役割とは何か

第3章

「財務会計」は会社役員の必須科目

第4章

未来を今日つくる 115

附章　会社役員が成果をあげるために必要なこと

装丁　井上篤（100mmdesign）
図版　谷口正孝

第1章

本題に入る前に

（1）ドラッカーはどういう人なのか

ドラッカーのことを全く知らないという方のために、ドラッカーについて少し説明しておきます。

ドラッカーは、1909年（明治42年）にオーストリアで生まれています。父親はオーストリアの若き貿易省事務次官、母親はオーストリア初の女性医学部卒業生という知的レベルの高いユダヤ系の家庭で育ちました。

ドラッカー家は当時のオーストリアの知的階級のサロンのような場所で、経済学者のシュンペーターや精神分析学者のフロイトなどが出入りしていました。ちなみに、ドラッカーは子供のころから本の虫だったようです。

ドラッカーは、1939年に出版した処女作"The End of Economic Man: the Origins of Totalitarianism"*3で一躍有名になります。ファシズム全体主義の起源を論考したこの本は、当時の英国首相ウィンストン・チャーチルにも大絶賛されました。

ドラッカーの本がゼネラル・モーターズ（GM）の副会長の目にとまり、ドラッカーは約2年にわたりGMを調査することになります。この調査を元にして、1946年に

“Concept of the Corporation”[*4]が出版され、その後世界中の大企業に事業部制が広まっていきました。

ドラッカーは、１９５４年に出版した“The Practice of Management”[*5]によって、「マネジメントの父」と呼ばれるようになり、１９７３年には“Management”[*6]という言葉自体がタイトルの、原書で８００ページに及ぶ大著を出版しています。

ドラッカーは経営学者ではありますが、経営コンサルタントとしても活躍し、日本を含む世界中の多くの企業に影響を与えました。

仕事以外の面では、ドラッカーは日本の水墨画の収集家であり、かなりの親日家でした。彼の水墨画のコレクションは彼の死後、散逸を防ぐために日本の企業が取得し、現在は千葉市美術館に寄託されています。

＊3　翻訳本は『「経済人」の終わり』P・F・ドラッカー著、上田惇生訳、（ダイヤモンド社）
＊4　翻訳本は『企業とは何か』P・F・ドラッカー著、上田惇生訳、（ダイヤモンド社）
＊5　翻訳本は『現代の経営』P・F・ドラッカー著、上田惇生訳、（ダイヤモンド社）
＊6　書籍の正式名は“Management: Tasks, Responsibilities, Practices”であり、翻訳本は『マネジメント　課題、責任、実践』P・F・ドラッカー著、上田惇生訳、（ダイヤモンド社）です。

筆者の私自身は、1994年から1996年まで「ドラッカー経営大学院」[*7]で学びました。そのときの印象にも少し触れておきたいと思います。

ドラッカー経営大学院は、ロサンゼルスの東約50㎞にあるクレアモント大学の中の経営大学院です。私は留学中にドラッカー先生のご自宅のすぐ近くに住んでいたのですが、そこはアメリカの中流階級の人が住む平屋の家が建ち並ぶ住宅街でした。世界的に有名な経営学者なのに、その生活は質素で、おごることも飾ることもないお人柄でした。

私がドラッカー先生に初めてお会いしたのは1994年9月でした。間もなく85歳になろうとするお歳でした。

ドラッカー先生の講義が行われる階段教室には、教室の一番下に長テーブルが置いてあり、その長テーブルの手前側に椅子が学生の方に向けて置いてありました。ドラッカー先生はゆっくりと教室に入ってこられ、椅子に上がり、長テーブルに腰を掛け、椅子の上で足を組むというラフなスタイルで、オーストリア訛りのあるゆったりとした口調で講義を始められました。

ドラッカー先生の講義は学生への質問が中心でした。最初の質問は「いまから100年前に、世界中の大学で学生数が多かったところはどこか」というものでした。学生はわかるはずもありません。ドラッカー先生は「アメリカのコロンビア大学、ドイツのベルリン大学、そして日本の東京大学だ」と言われ、続けて「国家として高等教育に力をいれていた国々がその後大きく発展した。だから、私も若い君たちの教育に力を注ぎたいと思っている」と言われました。

講義中にドラッカー先生が、「世界の中のある狭い地域において、今後人口が飛躍的に増大すると予測されている場所の一つは、日本の東京の東側、千葉県北東部である」と言われたことがありました。考えてみれば、1994年当時千葉県北東部には、千葉ニュータウン構想などいくつもニュータウン計画がありました。多分当時の千葉県北東部は、短期間で100万人規模の人口が増えると予想されていた、世界でも希有《けう》な地域だったのだと思います。

ドラッカー先生の講義を受けたり彼の本を読んだりするといつも感じますが、ドラッカー先生の頭の中には、おびただしいほどのデータが、歴史という縦糸と世界という横糸で整理され、意味のある情報という形になって格納されていたのだと思います。

＊7　正式名は“The Peter F. Drucker and Masatoshi Ito Graduate School of Management”

ドラッカー著作の翻訳者の方から「ドラッカーは一度読んだものは決して忘れなかった」という話を聞いたことがあります。その話が本当なのかどうかは知りません。ただ、そのように言われても即座に否定はできない、そういう並外れた能力を持っている感じがする人でした。

ドラッカーは経営コンサルタントとして、ゼネラル・エレクトリック（GE）、ジョンソン＆ジョンソン、P&Gなど、世界中の多くの企業の経営者に影響を与えました。日本でも、ソニー創業者の盛田昭夫、セブン&アイ創業者の伊藤雅俊、NEC元社長の小林宏治、パナソニック元社長の中村邦夫など多くの経営者に影響を与えました。

余談ですが、ソニー創業者の盛田昭夫は、創業間もないころ出張していたニューヨークでドラッカーに会っています。大きな成果をあげる人は、会うべき人に会うべきタイミングで会っているなと思います。読者のみなさんも本書を通して、会うべきタイミングでドラッカーに巡り会ったということかもしれません。

日本でよく読まれているビジネス本に『ビジョナリーカンパニー』（日経BP社）があります。この本は著者のジム・コリンズが多くの優良企業を調査して執筆したものですが、彼が調査した優良企業の多くには「必ずドラッカーの影があった」[*8]とジム・コリンズは言い、この本のタイトルを何にしようかと悩んでいたとき、「いっそ『すべてはドラッカーの言うとおり』にしようか[*9]」と思ったと述べています。

「マーケティングの父」と呼ばれるフィリップ・コトラーは、ドラッカーと深い親交がありました。ドラッカーが書いた『非営利組織の経営』(ダイヤモンド社)の一部には、コトラーとドラッカーの対談が掲載されているほどです。

また、13ページで触れたように、ドラッカーの趣味は日本の水墨画の収集でした。一方、コトラーの趣味は、昔の日本人が薬籠《やくろう》などを帯に引っ掛けるときに使った「根付け」の収集でした。そういう日本贔屓《びいき》なところも気が合った理由なのかもしれません。

そのコトラーは近年、ドラッカーについて次のように述べています。「最近のドラッカーに関する評判を聞いた。日本人の中にも、もう古いと考えている人も出てきているようだ。(中略)『ドラッカーからはもう学ぶことはない』などという日本人経営者がいるとすれば、それは大切なことを思い出す貴重な機会をみすみす逃がしているのだ。ドラッカーは決して定量的な人間ではないが、大局的な発想ができる人だった[*10]」

＊8、9　『経営の真髄』P・F・ドラッカー著、ジョゼフ・A・マチャレロ編、上田惇生訳、(ダイヤモンド社)の巻頭の寄稿文
＊10　『日経ビジネス』(日経BP社)2020年12月

このように、経営分野の泰斗《たいと》たちから高い評価を受けているドラッカーですが、批判も受けました。ドラッカー経営学の基本にある考え方の一つは「責任」ですが、「欲求5段階説」で有名なマズローは、「責任と自己実現は、心身ともによほど強い者でなければ耐えられない重荷を課すことになる」[*11]としてドラッカーを批判しました。逆に、ハーバード・ビジネス・スクールのロザベス・モス・カンター教授は、ドラッカーはマネジメントの世界を実際の姿ではなくあるべき姿でとらえており楽観的過ぎると批判しました[*12]。

しかしながら、ドラッカーは現代の経営者にも影響を与え続けています。アマゾン創業者のジェフ・ベゾス、グーグル元ＣＥＯのエリック・シュミット、ユニクロ創業者の柳井正などは、ドラッカー経営学を参考にして経営しています。

２００５年に亡くなったドラッカーがなぜいまも影響を与え続けているのか。それはドラッカーが、時代が変わっても変わらない物事の本質を示してくれているからです。

(2)企業を取り巻く環境の変化

「会社役員の役割」という本題に入る前に、企業を取り巻く環境の変化について、読者のみなさんと認識を共有しておきたいと思います。

最近、コンプライアンス・ガバナンス・サステナビリティ・ESG・SDGs・長期的企業価値向上といった言葉を頻繁《ひんぱん》に耳にするようになりました。

以前は、株主から短期的な利益の追求が求められていました。しかし最近では、行き過ぎた株主資本主義や短期利益追求による弊害が指摘されるようになってきました。さらに、気候変動による環境問題や人権問題などの社会問題が大きな課題になってきています。これらのことにより、最近の企業には、環境や社会を視野に入れた長期的成長が求められるようになってきました。

岸田首相が「新しい資本主義」を提唱していますが、「新しい資本主義」とは何なのでしょうか。内閣官房の『新しい資本主義のグランドデザイン及び実行計画２０２３改訂版』をベースに補足説明をすれば、新しい資本主義の基本的な考え方は次のようなものです。

資本主義の生成期は、アダム・スミスの「見えざる手」に象徴される、経済を市場に任

＊11 『マネジメント　課題、責任、実践』P・F・ドラッカー著、上田惇生訳、（ダイヤモンド社）の第19章
＊12 『ドラッカー　教養としてのマネジメント』ジョゼフ・A・マチャレロ、カレン・E・リンクレター著、阪井和男、高木直二、井坂康志訳、（マグロウヒル・エデュケーション）の第四章

せた「自由放任主義」でした。つまり、経済への政府の介入が少ないほど経済はよりよくなるという考え方でした。

それが、世界恐慌と2度の世界大戦を経て、「政府による福祉国家」という考え方が強まっていきました。イギリスがいい例です。イギリスは戦後手厚い社会福祉を推し進めると同時に、航空・鉄道・電気・ガスといったインフラ産業を国有化し、安定した雇用と格差なき社会を目指しました。しかし、そのことでイギリスは競争力を失い経済は低迷しました。

そこで1980年代に現れたのが「新自由主義」です。「新自由主義」とは、「公共事業の民営化」「グローバル化を前提とした経済政策」「規制緩和による競争促進」などをベースにした、市場原理を重視する考え方で、イギリスのサッチャー首相やアメリカのレーガン大統領の政策に代表されるものです。

新自由主義の時代には、グローバル化が進展する中で経済は活力を取り戻し、世界経済は大きく成長しました。しかし、競争を促進させた新自由主義は、企業経営者の暴走という問題を引き起こし、行き過ぎた株主資本主義や短期利益追求による弊害が取り沙汰されるようになりました。

つまり、これまでの資本主義は、「市場か国家か」「官か民か」の間で揺れ動き、成功と失敗を繰り返してきたのです。

これに対して「新しい資本主義」の基本的な思想は、「市場も国家も」「官も民も」という考え方をベースに、社会課題の解決を通して新たな市場を創造するというものです。つまり、社会的課題解決と経済成長の二兎を追うことで、国民の持続的な幸福を実現するというものなのです。

一橋大学名誉教授の伊藤邦雄が座長としてまとめている「伊藤レポート」も産業界に大きな影響を与えています。

「伊藤レポート3・0」は、経済産業省が主催する「サステナブルな企業価値創造のための長期経営・長期投資に資する対話研究会」の報告書であり、その基本的な考え方は「社会のサステナビリティと企業のサステナビリティを『同期化』させていく」というものです。

そしてその実現のために、企業・投資家・取引先などが、長期の時間軸における企業経営の在り方について対話していくことが必要だとしています。

現実の株式市場においても、東京証券取引所は上場会社に対して「持続的な成長と中長期的な企業価値向上の実現」と「投資家との建設的な対話」を期待すると明言しています。

最近、ＲＯＩＣという言葉をよく耳にしますが、これもそういった流れの中から出てきているものです。なお、ＲＯＩＣについては後ほど91ページで詳しく説明します。

このように、企業を取り巻く環境は大きく変化してきています。いま企業に求められていることは、社会課題解決への参画であり、社会課題解決を通しての経済成長であり、行き過ぎた株主資本主義・短期利益追求指向の是正なのです。

ただ、「はじめに」でも触れたように、ドラッカーは50年以上前に、社会課題への対応は企業が果たすべき重要な役割であるとしていました。

またドラッカーは、新自由主義や株主資本主義がもてはやされていたころの１９９９年に出版した『明日を支配するもの』（ダイヤモンド社）の中で、行き過ぎた株主資本主義や短期利益追求指向について次のように述べています。

「企業は株主の直接的な利益のためにのみ経営すべきであるとのアメリカの新理論も無効であって、やがて修正されることになる。これからは、ますます多くの人たち、とくに高年まで生きることが確実と思われる人たちにとって、老後の保障は、自らの投資に対する見返り、すなわち企業の所有者としての所得に依存することになる。したがって、株主にとっての利益につながるかたちでの業績の重要性が減ずることはない。しかし彼らは、配当にせよ株価にせよ、短期的な利得は必要としない。問題は、二〇年後、三〇年後の利得である[*13]」

ドラッカーは、年金基金が大量の株式を保有する時代においては、行き過ぎた株主資本主義も短期利益追求指向もやがて修正されることになると見通していたのです。ドラッカーからすれば、社会全体を大局的に眺めれば、そんなことは明白だということだったのでしょう。

やはり、この大きな変化の時代に私たちに必要なのは、ドラッカーのような大局観であり本質論なのだと思います。

＊13　『明日を支配するもの』P・F・ドラッカー著、上田惇生訳、（ダイヤモンド社）の第２章

第2章

会社役員の役割とは何か

(1)社会に存在する人間組織

ドラッカーの口癖は「"What is this all about?"(そもそもこれは何なんだ?)」でした。常に本質を見極めようとするドラッカーらしい口癖です。

「会社役員の役割」について考えるうえで、読者のみなさんに最初に投げかける質問は、そもそも「企業とは何か」です。会社役員が運営の責任を担う企業とはそもそも何なのでしょうか。ドラッカー流に言えば"What is the corporation all about?"です。

最初の質問を投げかけましたが、実はこの質問に時間をかけて考えていただくつもりはありません。なぜなら、「企業とは何か」についてはさまざまな答えができるからです。

ドラッカーも次のように言います。「法的に見れば、企業とは国が社会のために法的な存在と法的な権利を与えた存在である。政治的に見れば、企業とは社会の要求を満たすべき組織の一つである。経済的に見れば、企業とは生産のための諸資源の集合体である」[14]

ただ、ドラッカーはこれに続けて次のように言います。「いずれにせよ企業とは、社会のための道具であり、社会のための組織である」[15]

「企業とは何か」についてはさまざまな答え方ができますが、ドラッカーは企業の本質として、「企業は社会的な存在である」ということと「企業は人間組織である」という2つを挙げています。[*16] これが、「はじめに」に書いた「企業は社会に存在する人間組織である」ということです。

「企業とは何か」という質問より、みなさんに時間をかけて考えていただきたい適切な質問があります。それは「企業の役割とは何か」という質問です。

ドラッカーは次のように言います。「企業は、（中略）みずからのために存在するのではなく、具体的な社会目的を果たし、社会、地域共同体、個人の具体的なニーズを満たすために存在している。（中略）企業については、『企業とは何か』よりも『何をなすべきか、何が務めなのか』を問うべきだ[*17]」

読者のみなさんへの実質的な最初の質問は、「企業の役割とは何か」です。さあ、みなさんはこの質問にどう答えますか。

本書では、経営に関する本質的な質問を投げかけていきます。その際、答えが正しいか

＊14、15 『企業とは何か』P・F・ドラッカー著、上田惇生訳、（ダイヤモンド社）の第10章
＊16 『企業とは何か』P・F・ドラッカー著、上田惇生訳、（ダイヤモンド社）の第2章
＊17 『マネジメント　務め、責任、実践』P・F・ドラッカー著、有賀裕子訳、（日経BP社）の第4章。なお、引用文中の「務め」は原書では“tasks”であり、本書では今後「役割」と訳していきます。

間違っているかや、経営の本にどう書いているかといったことはほったらかしにして、いまみなさん自身がどう考えているかを、自分の言葉で答えるようにしてみてください。

そうお願いするのは、現場で部下と話をするときも、「社長がこう言ってるからこうやっとけ」ではなかなか人には伝わらないと思うからです。「社長がこうおっしゃっていて、自分もこう考えるからこうやろう」というように、自分の言葉になっていないと人には伝わらないと思うのです。

「企業の役割とは何か」という問いに対するあなたの考え方をあなたの言葉で答えてください。あなた自身が考える、企業の大切な役割を3つほど挙げてみてください。

STOP

読み進めるのを一旦停止して、問いに答えてみてください。

あなた自身が考える、企業の大切な役割を3つほど挙げてみてください。

ドラッカーは企業の役割は3つあると言います。ただ、ここで唐突にドラッカーの言う

3つの役割を挙げるより、ドラッカー経営学の全体像と共に説明する方がわかりやすいと思います。次に説明するドラッカー経営学の全体像の中で、企業の「3つの役割」について説明します。

(2)ドラッカー経営学の全体像と企業の「3つの役割」

ドラッカーは自分自身のことを「社会生態学者」と名乗っていました。つまり、ドラッカー経営学の特徴は、社会を生き物として見ていたということです。社会が生き物であるというのは考えてみれば当たり前です。廃墟を社会とは言いません。ビルが集まっているところを社会とは言いません。人が集まっているところが社会なのです。そういう意味で、社会は生き物だと言えます。

「経営をするならドラッカーだけは勉強しておけ」という優秀な経営者の方はたくさんおられます。ただ、ドラッカーの本を直接読むのはなかなか骨が折れます。特に、原書で800ページにも及ぶ『マネジメント　課題、責任、実践』(ダイヤモンド社)という本を読むのは大変です。ドラッカー経営学を学ぼうとする日本人の多くが最初に手に取るのは、

『マネジメント　課題、責任、実践』という本の抄訳版である『マネジメント【エッセンシャル版】―基本と原則―』（ダイヤモンド社）でしょう。

その『マネジメント【エッセンシャル版】―基本と原則―』の本文の1行目は、「企業をはじめとするあらゆる組織が社会の機関である」という文章から始まります。冒頭からとっつきにくい感じがします。

ただ、この文章は原書では“Business enterprises-and public-service institutions as well-are organs of society.”です。「社会の機関である」の「機関」は“organ”でした。日本語では「器官」という漢字をあてる、肺とか心臓とかを意味する“organ”です。

私は、ドラッカーが組織のことをわざわざ“organ”という単語を使って説明していることを知り、ドラッカーの考え方が少しわかったような気がしました。何がわかったかと言うと、27ページで説明した「企業は、みずからのために存在するのではない」ということです。

生き物を構成する一つひとつの器官の目的はその器官の中にはありません。人体という生き物を例にとればすぐにわかります。肺の目的は肺の中にはありません。肺の目的は人体に酸素を供給することです。心臓の目的は心臓の中にはありません。心臓の目的は人体に血液を循環させることです。

社会は生き物です。人間組織である、企業や公的機関が集まって社会ができあがっています。その生き物である社会を構成する一つひとつの機関の目的も、その機関の中にはありません。病院の目的は病院の中にはありません。病院の目的は病院の外の患者さんの病気を治すことです。消防署の目的は消防署の中にはありません。消防署の目的は消防署の外の火事を消すことです。

では、同じ社会を構成する民間企業の目的だけが、組織の中の「利益をあげる」ということでしょうか。そんなことがあるはずがありません。企業も、病院や消防署と同じように、その目的は組織の外にある。つまり、企業も社会のために存在しているのです。「企業は社会に存在する人間組織である」という企業の本質から考えれば、企業には次の「3つの役割[*18]」があるとドラッカーは言います。

*18 Peter F. Drucker "Management: Tasks, Responsibilities, Practices" Collins Businessの第4章。原書で「3つの役割」を説明している箇所の小見出しとして使っている"Purpose and Mission", "Productive Work and Worker Achievement", "Social Impacts and Social Responsibilities"という3つの言葉を著者が意訳。

1. 組織の目的と使命を果たす
2. 生産性をあげる
3. 社会的責任を果たす

企業が社会的存在である以上、まず果たさなければならない1番目の役割は、それぞれの組織の目的と使命です。自動車を作って売るということが目的と使命の企業は自動車を作って売る。ラーメンを作って売るということが目的と使命の企業はラーメンを作って売る。それぞれの企業にはそれぞれの目的と使命があります。

ただ、この「組織の目的と使命」は、ただ単に自動車やラーメンを作って売るといった単純なものではありません。ドラッカーは組織の目的と使命を定義することは極めて重要だとして次のように言います。

「事業の目的とミッションを明らかにしなければならない。『われわれの事業は何か。何であるべきか』を考えなければならない。(中略) 事業の定義が明快に理解されないかぎり、いかなる企業といえども成り行きに左右されることとなる。自らが何であり、自らの価値、主義、信条が何であるかを知らなければ、自らを変えることはできない。(中略) 事業の目的とミッションについての明確な定義だけが、現実的な目標を可能とする。優先順位、戦略、計画を可能とする」[19]

「組織の目的と使命」は、すべての従業員の仕事の基盤でありスタート地点なのです。なお、この「自社の事業は何か」の検討については、後ほど117ページで詳しく説明します。

2番目の役割を「生産性をあげる」にしていますが、原書は"Productive Work and Worker Achievement"です。この原文が示すように、私が意訳した「生産性をあげる」にはもっと複層的な意味があるのですが、それは後ほど58ページで詳しく説明します。ただ、「ドラッカー経営学の全体像を理解する」という点では、「生産性をあげる」の方がわかりやすいと思いますので、しばらくは「生産性をあげる」で説明していきます。

特に民間企業は生産性が低いと生き残っていけません。同じ商品やサービスを高い値段でしか提供できない生産性の低い会社は生き残っていけないのです。

3番目の役割は社会的責任を果たすことです。これも企業が社会的存在である以上自明な役割です。そしてドラッカーは、この社会的責任に対してどう取り組むべきかの基本的

＊19 『マネジメント　課題、責任、実践』P・F・ドラッカー著、上田惇生訳、(ダイヤモンド社)の第7章

な考え方も示してくれています（後ほど60ページで詳しく説明します）。

ドラッカーが指摘した「3つの役割」の中の3番目の「社会的責任」が近年脚光を浴びてきているわけですが、ドラッカーは50年以上前に次のように述べています。「これら三つの役割はいずれも重要である。（中略）社会の問題について社会的責任を果たすことは、社会が滅びたのちなお存続しうる組織などありえないからである」[20]

企業の「3つの役割」について説明しました。先程31ページで、「同じ社会を構成する民間企業の目的だけが、組織の中の『利益をあげる』ということでしょうか。そんなことがあるはずがありません」と言いました。では、企業の目的とは何なのでしょうか。

ドラッカーは次のように言います。「企業の目的は、それぞれの企業の外にある。企業は社会の機関であり、その目的は社会にある。企業の目的の定義は一つしかない。それは顧客の創造である」[21]

私は、ドラッカーの「顧客の創造」という言葉を初めて聞いたとき、「ドラッカーはなぜ奇を衒《てら》ったような言葉を使うのだろう。『顧客の満足』ではダメなのだろうか」と思いました。世の中には「顧客第一主義」で仕事をしている企業がたくさんあります。

ドラッカーからすれば「顧客の満足」ではダメなのです。なぜなら、社会は生き物だからです。生き物は変化します。そして、この社会がどのように変化していくかはだれにも予測できません。この変化し、変化の先行きがわからない社会の中で企業が生き残っていくには、顧客満足では遅すぎるのです。自らが顧客を創造していかなければならないのです。また、顧客は自分自身の本当のニーズや欲求がよくわかっていないという面があります。どんな仕事をしていても、企業側の方がたくさんの情報と知識と経験を持っています。顧客が望みもしない、要求もしない、想像さえしない新しい商品やサービスを企業側から提供していかなければならないのです。

企業は顧客にとっての価値を創造し、買わないという選択肢を持つ顧客が喜んで購入してくれる商品やサービスを提供できなければなりません。もし、顧客の購入につながらなければ、民間企業は存続できないのです。

企業の目的が「顧客の創造」であることがわかれば、企業に必要な機能もわかってきます。顧客を創造するためには、顧客を知り尽くす「マーケティング機能」が必要になります。ただ、マーケティングだけでは十分ではなく、顧客の期待以上の商品やサービスを生

＊20 『マネジメント　課題、責任、実践』P・F・ドラッカー著、上田惇生訳、(ダイヤモンド社)の第4章
＊21 『マネジメント　課題、責任、実践』P・F・ドラッカー著、上田惇生訳、(ダイヤモンド社)の第6章

み出すための「イノベーション機能」が必要になってきます。

ドラッカーは次のように言います。「企業の目的は、顧客の創造である。したがって、企業は二つの、そして二つだけの基本的な機能を持つ。それがマーケティングとイノベーションである[*22]」

18ページで、現在でもアマゾン・グーグル・ユニクロの経営者は、ドラッカーを参考にして経営をしていると言いましたが、これらの企業はどこも、顧客を起点にし、顧客の期待以上の商品やサービスを創造し続けています。そのような企業が成果をあげるのです。

また、顧客を創造するためには、企業内の「人」「物」「金」といった経営資源を生産的に活用できなければなりません。これが経営管理的機能（administrative function[*23]）です。同じ商品やサービスなら、他社より安い値段でそれが提供できなければ顧客は購入してくれません。この経営管理的機能の経済的側面が「生産性」なのです。

実は、利益にも重要な機能があります。それは、成果を測定するための機能です。そもそも利益は目的ではなく結果です。企業の「マーケティング機能」「イノベーション機能」「経営管理的機能」が文字通りうまく機能して、その結果としてもたらされるのが利益です。

利益が出ていない企業は世の中にたくさんあります。何が悪いからなのでしょうか。企業の「マーケティング機能」「イノベーション機能」「経営管理的機能」がうまく機能していないから利益が出ないのです。しかし、民間企業には成果を測定するための利益という機能があるから、その結果をフィードバックして悪い点をすぐに修正していけるのです。

公的機関の成果が問題視されることがあります。公的機関には優秀な人がたくさん集まっているのに、なぜ成果があがらないことがあるのでしょうか。それは、成果を測定するための利益という機能がないからです。利益の機能がないから、自分たちの行っていることが効果的なのかどうかがわからず、すぐに修正できないというのが一つの理由なのです。

話が公的機関に移ってしまいましたので、元に戻しましょう。

利益は目的ではなく結果です。ただドラッカーは、「経済人の代わりに、天使を取締役に持ってきたとしても、つまり金銭に対する興味がまったく存在しなかったとしても、利益に対しては重大な関心を払わざるをえない」[*24]と言います。

それは、利益がなければ企業は存在できないからです。企業にとっての利益とは、人間

＊22、24 『マネジメント【エッセンシャル版】―基本と原則―』P・F・ドラッカー著、上田惇生編訳、（ダイヤモンド社）の第1章

＊23 Peter F. Drucker "Management: Tasks, Responsibilities, Practices" Collins Businessの第6章。「経営管理的機能」はこの言葉の著者による翻訳。

にとっての水のようなものです。つまり利益は、企業にとっての「目的ではなく条件[*25]」なのです。

以上がドラッカー経営学の全体像です。ドラッカー経営学における、企業の「3つの役割」と利益の位置づけがご理解いただけたと思います。

そのうえで、読者のみなさんに質問です。次の質問は「企業の第一の責任は何か」です。「企業の第一の責任は何か」と問われたらどう答えますか。みなさんご自身の言葉で答えてみてください。

STOP

読み進めるのを一旦停止して、問いに答えてみてください。

「企業の第一の責任は何か」と問われたらどう答えますか。

ドラッカーは次のように言います。「企業にとって第一の責任は、存続することである[*26]」「社会と経済にとって必要不可欠なものとしての利益については、弁解など無用である。

企業人が罪を感じ、弁解の必要を感じるべきは、経済活動や社会活動の遂行《すいこう》に必要な利益を生むことができないことについてである」[*27]

ドラッカーを少し勉強した人の中には、「ドラッカーは企業の目的が利益ではないという。そんな甘っちょろい考え方で経営はできない。ドラッカー経営学は現場では使えない」と言う人がいます。しかし、ドラッカーは決して利益を軽視しているわけではありません。ただ、利益は目的ではなく結果でしかないということなのです。

これまで説明してきたドラッカー経営学の全体像を図にしておきます（図表2－1）。

企業の目的である「顧客の創造」のためには「マーケティング機能」「イノベーション機能」「経営管理的機能」が必要になります。そしてこの3つの機能が文字どおりうまく機能すれば、結果として利益がもたらされるのです。この図が示すように、利益は図の上に置くべき目的ではなく、図の下にくる結果なのです。

そして、企業は社会の中に存在します。27ページで触れたように、「企業の本質は社会

＊25 『マネジメント【エッセンシャル版】―基本と原則―』P・F・ドラッカー著、上田惇生編訳、（ダイヤモンド社）の第1章
＊26 『［新訳］現代の経営』P・F・ドラッカー著、上田惇生訳、（ダイヤモンド社）の第5章
＊27 『マネジメント　課題、責任、実践』P・F・ドラッカー著、上田惇生訳、（ダイヤモンド社）の第6章

図表 2-1　ドラッカー経営学の全体像

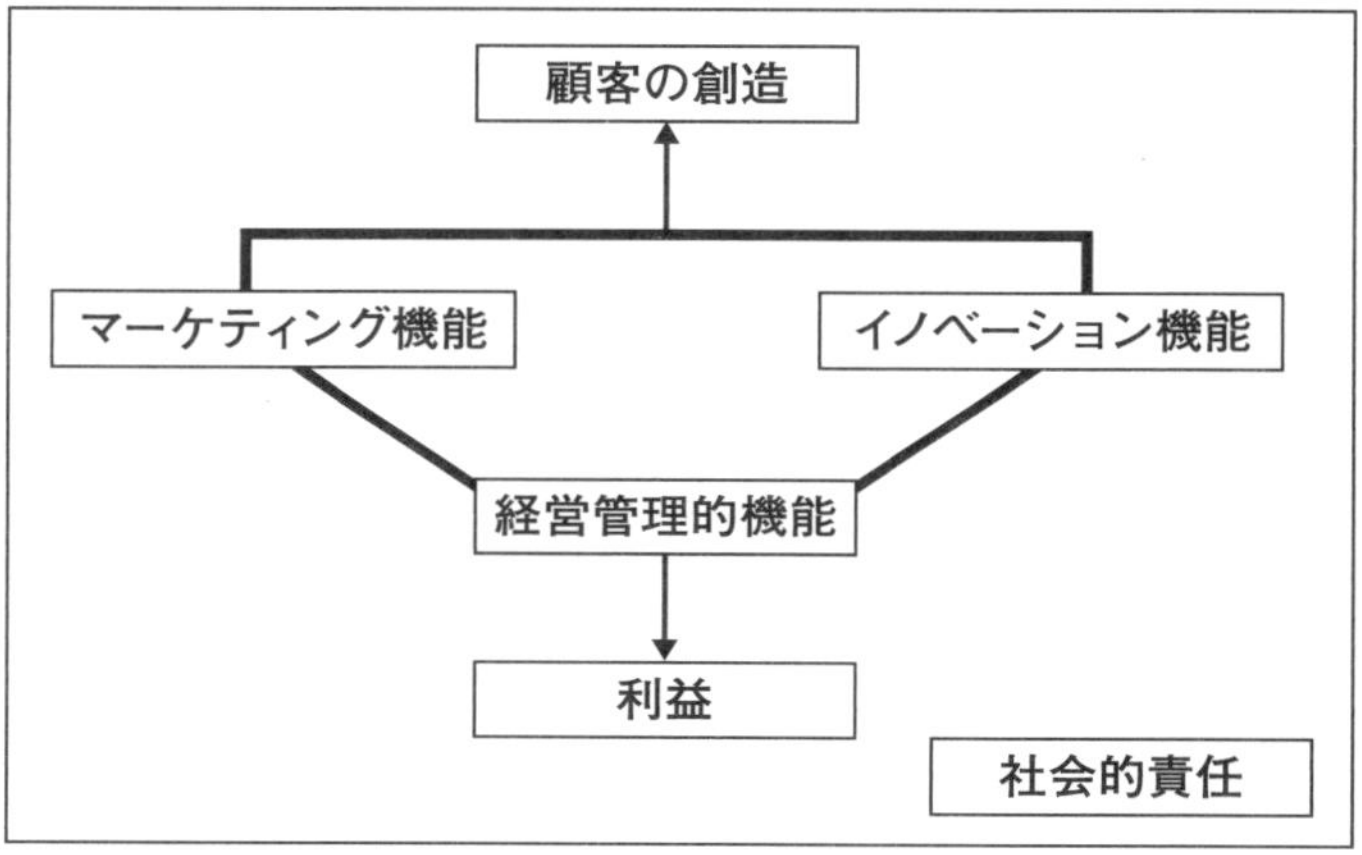

的な存在である」ということです。したがって、企業は常に「社会的責任」を負っているのです。

(3)従業員のエンゲージメント向上の本質

すでに説明したように、ドラッカーは経営学者であると同時に経営コンサルタントとしても活躍しました。彼はコンサルティングを行う際に、コンサルティング先の経営幹部に聞いていた質問がありました。それは「あなたの仕事は何ですか」という質問です。もし、あなたがいま、会社役員としての「あなたの仕事は何ですか」と問われたらどう答えますか。

STOP

読み進めるのを一旦停止して、問いに答えてみてください。

あなたがいま、会社役員としての「あなたの仕事は何ですか」と問われたらどう答えますか。

営業担当の役員は「私は営業担当役員ですから、営業戦略を作り、売上と利益をあげることが私の仕事です」と答えます。財務担当の役員は「借入金を減らし、財務体質をよくすることが私の仕事です」と答えます。

ドラッカーは一通り役員たちの回答を聞いた後、「みなさん、ちょっと観点が違いますね。みなさんのように、組織の上に立って仕事をする人の重要な仕事は、従業員のやる気と能力を高めることではないですか。やる気があって能力が高い従業員がたくさんいないと、素晴らしい商品やサービスは生み出せませんよ」と言っていたそうです。

企業の成果に影響するものは、人間のやる気と能力だけではないでしょう。しかし、ドラッカーは常に人間を通して社会や経済や経営を見ていました。

私が留学中も、講義の中でドラッカーから次のような質問がありました。「いま中国の経済が急激に発展しているが、これはどういうことか」。ドラッカーの答えは、「それは、いま中国にやる気のある人がたくさんいるということだ。経済発展とはそういうことなんだ」というものでした。ドラッカーの考え方の根底にはいつも「人間」がありました。

ここで、再度ドラッカーが言う企業の「3つの役割」に戻っていただきたいと思います。次の3つです。

1. 組織の目的と使命を果たす
2. 生産性をあげる
3. 社会的責任を果たす

33ページでも説明したように、この2番目の「生産性をあげる」は、原書では"Productive Work and Worker Achievement"です。直訳すれば「生産的な仕事と従業員の達成」ということですが、ドラッカーはこの言葉で何を言いたかったのでしょうか。

生産性をあげるには、「人」「物」「金」といった経営資源を生産的に活用しなければなりません。その中でも重要なのは「人」です。「物」や「金」についてもその生産性を左右するのは、「物」や「金」をいかに使うかを決める「人」です。そういう意味で、ドラッカーは「本当の資源は一つしかない。人である」[*28]と言います。

ここまで説明すると、多くの経営者が「そのとおりだ」と言わんばかりに、「人材こそわれわれの最大の資産である」と言います。私はビジネスの現場で、経営陣のみなさんがそう言うのを何度も耳にしてきました。

ただ、ドラッカーは次のように言います。「経営者は『人材こそわれわれの最大の資産である』と好んで口にする。組織によって何か実質的な違いがあるとすれば、それは人材がどれだけの成果をあげるかだけだ。この分かりきった真実を、経営者たちはしきりに述べ立てる。人材を別にすると、経営資源の活用法には組織による違いはほとんどない。あらゆる経営資源のなかで最も活用度が低いのが人材であり、人材の可能性はほとんど埋もれたまま仕事に活かされていない。経営者の大多数は、この点を痛いほど自覚している」[*29]

＊28　『マネジメント　課題、責任、実践』P・F・ドラッカー著、上田惇生訳、（ダイヤモンド社）の第4章
＊29　『マネジメント　務め、責任、実践』P・F・ドラッカー著、有賀裕子訳、（日経BP社）の第23章

私は多くの企業でマネジメント研修を行ってきましたが、人が活かされていないのをつくづく感じてきました。特に多くの大企業は人材の無駄遣いをしていると思います。日本企業の生産性が低いのも経済が低迷し続けているのも、それが一因だと思います。そして、経営者の大多数は、そのことを自覚していると思います。

最近、「エンゲージメント」という言葉がさかんに使われ出しました。日本語では「自発的貢献意欲」と訳されているようです。少し前までは、ES（Employer Satisfaction：従業員満足）がはやりでしたが、ESからエンゲージメントに変わってきました。この変化に関しても、時代がやっとドラッカーの考え方に追いついてきたように思えます。

そもそも人的資源を活用するとはどういうことでしょうか。ドラッカーは次のように言います。「人格をもつ存在としての人は、本人だけが利用することができる。（中略）働くか働かないかについてさえ、本人が完全な支配力をもっている。（中略）したがって、人的資源についてはつねに動機づけが必要となる。（中略）生産性を決定するものは、働く人たちの動機である」[*30]

では、私たち人間はどうすれば動機づけされるのでしょうか。「自発的貢献意欲」はどこからくるのでしょうか。

ここでみなさんに質問です。これまでみなさんが仕事に最もやりがいを感じたときは、どのような要因があったからでしょうか。仕事の内容、仕事の進め方、上司との関係、顧客との関係、達成感、評価、処遇などいろいろあったと思います。これまで仕事に最もやりがいを感じたときの要因を、思いつくままにできるだけたくさん挙げてみてください。

STOP

読み進めるのを一旦停止して、問いに答えてみてください。

これまで仕事に最もやりがいを感じたときの要因を、できるだけたくさん挙げてみてください。

私はこれまで20年以上にわたってマネジメント研修の講師をしてきました。研修ではいつも受講者に、「これまで仕事に最もやりがいを感じたときの要因は何だったか」という質問をしてきました。もちろん要因は人によってさまざまです。ただ、共通する要因もた

＊30 『［新訳］現代の経営』P・F・ドラッカー著、上田惇生訳、（ダイヤモンド社）の第20章

くさんありました。それを整理すると次のような感じになります。

1. 期待され、頼りにされ、大切な仕事や意味のある仕事を任され（責任）、↓
2. 自由に思いどおりに自分で判断して仕事をし（自由）、↓
3. 新しいことや、よりレベルの高いことに取り組み（挑戦）、↓
4. 期待に応え、困難を乗り越え、何かを達成し、成果を出し（達成・成果）、↓
5. それがだれかの役に立ち、感謝され、認められ、評価された（貢献・承認）。
6. また、右記のプロセスを通して自分が成長していると感じた（成長）。
7. 右記の前提には、明確な目的や目標とチームが一丸となっている状況が存在する。

多くの人は、右記の1〜5のプロセスの中でやりがいを感じているようです。そして、特に若い人たちは、1〜5のプロセスを通して自分が成長していると感じるとき、やりがい感がさらに増しているようです。

また、忘れてはならないのは、1〜5のプロセスを通してやりがいを感じているときには、間違いなく「明確な目的や目標」が存在するということです。そして、組織やチームで仕事をしているときは、「チーム一丸となって」という状況が存在します。どうでしょうか。みなさんが挙げられた要因と、当たらずといえども遠からずといった感じではないでしょうか。これらの1~7の項目の中に、人を動機づけするためのヒントがたくさん詰まっていると思います。

では、ドラッカーはモチベーションについてどのように考えていたのでしょうか。ドラッカー経営学は、ドラッカーが自分の理想論を整理したというよりは、現場で行われていることの本質を整理したものですから、私が研修で感じた右記の7項目とよく似ています。ドラッカーはいろいろな本でモチベーションについて語っていますが、彼のモチベーションの考え方の要素は次の5項目のように思えます。

1. **責任**と自由
2. 挑戦
3. 成果（達成）
4. 貢献
5. **参画**

この5項目すべてについてドラッカーの考え方を説明したいところですが、本書は「人材マネジメント」をメインテーマにした本ではありませんので、本書では右記の5項目の中で太字にしている「責任」と「参画」について説明したいと思います。

まずは「責任」からです。「責任」はドラッカー経営学において極めて重要な言葉です。ドラッカーは、日米欧で働くことのマネジメントに成功している企業を観察し、次のように結論づけています。日米欧でマネジメントに成功している企業は、「働くことのマネジメントの基盤として、責任の組織化を行っていた」[*31]。

「責任の組織化」の原文は "organizing responsibility" です。つまり、日米欧でマネジメントに成功している企業は、働くことのマネジメントの基盤に「責任」を置き、組織の各メンバーが、他者からの指示や命令にしたがって働くのではなく、自らの裁量で自らの仕事に責任をもって働く組織作りをしていたのです。

ただ、責任が与えられたからといって、すべての人が意欲的に働きだすわけではありません。18ページで触れたように、マズローが批判したのも、この「責任」についてでした。

さらに言えば、知的労働者が何をモチベーションにして働いているかは人それぞれでしょう。ドラッカーも、働くということには経済的な側面、心理的な側面、社会的な側面などいくつもの側面があると言います。[*32]

しかし、仕事の現場を眺めてみれば、いい仕事が行われている裏にはそれぞれの働き手の責任感があります。責任は、働く人の動機として極めて重要な要素であることは間違いありません。

次に、「参画」ということについてドラッカーは次のように言います。「働く人たちは、マネジメント的な視点をもつときにのみ、すなわち企業全体の成功と存続に責任をもつ経営管理者のように企業を見るときにのみ、最高の仕事への自らの責任を果たすことができる。そのような視点は、参画を通じてのみ獲得できる」[*33]

これをもう少し平たく言えば、「働く人たちは、自分の仕事が組織の成功に大きな影響を与えると思うときにのみ、最高の仕事をしようとする」ということです。

例えば、駅伝のメンバーで、自分の走りがチームの勝敗に大きな影響を与えると思えば、

＊31 『マネジメント　課題、責任、実践』P・F・ドラッカー著、上田惇生訳、(ダイヤモンド社)の第20章
＊32 『マネジメント　課題、責任、実践』P・F・ドラッカー著、上田惇生訳、(ダイヤモンド社)の第16章
＊33 『[新訳]現代の経営』P・F・ドラッカー著、上田惇生訳、(ダイヤモンド社)の第23章

最高の走りをしたいと思うでしょう。それは、監督から指示されたから最高の走りをするのではなく、自分がチームに参画している、チームの成果に深く関与していると思うから最高の走りをしたいと思うのです。これも「責任」ということでしょう。

だからこそ経営陣は、組織全体の成果をあげることに従業員一人ひとりを参画させなければなりません。従業員一人ひとりに組織全体の成果に対する責任をもたせなければならないのです。

(4)画期的な制度としての「自己目標管理」

そして、この「責任」と「参画」をベースに、従業員の「自発的貢献意欲」を促し、組織の成果を高めていくための仕組みが、ドラッカーが提唱した「目標管理」なのです。

目標管理制度を導入している会社はたくさんあります。しかし、それをうまく活用できている会社は多くありません。目標管理制度を、ただ単に目標の達成度合いを管理し、それを報酬や昇進の査定に使っているに過ぎない会社も少なくありません。

もちろん、信賞必罰は大切です。ドラッカーも「人は、いかに賞され罰せられるかによって左右される。彼らにとって賞罰こそ、口先でなく真の組織の価値、目的、役割を教えるものである」[*34]と言います。

しかし、ドラッカーが提唱した「目標管理」はもっと重要な意味を持っています。実は、「目標管理」という言葉を生み出したのはドラッカーです。ただ、ドラッカーの「目標管理」は、英語で言えば"Management by Objectives and Self-Control"です。日本語に訳せば「目標と自己管理によるマネジメント」です。ドラッカー著作の最近の翻訳本では「自己目標管理」と訳されています。

ドラッカーの「自己目標管理」の本質は、「自己目標」と「自己管理」という2つの道具を使って、人が主体的に活き活きと働く組織を作るということです。つまり、ドラッカーの「自己目標管理」は、他者（会社や上司）からのマネジメントではなく、自らの意思によって行動する自由な人間としての自分自身によるマネジメントを実現させようとする画期的な考え方なのです。

ただし、「自己目標」とはいっても、組織で働く以上自分が自由に追い求める自己目標は、

＊34 『経営の真髄』P・F・ドラッカー著、ジョゼフ・A・マチャレロ編、上田惇生訳、（ダイヤモンド社）第31章

組織目標に貢献する目標でなくてはなりません。そうでなければ、組織で働く意味がない、給料をもらう資格がありません。

私は、サラリーマン時代に課長になったとき、その当時の部長から言われた言葉をいまでも覚えています。彼は「國貞君、課長昇格おめでとう。課長の仕事は組織の目標と個人の目標を一致させることなんだよ」と言いました。しかし、当時の私は彼が何を言いたいのかサッパリわかりませんでした。その後ドラッカー経営学を学んで、彼が言おうとしていたことがよくわかりました。

他者からの指示や管理によって仕事をしていたのでは「自発的貢献意欲」は生まれません。人は、自由人として自分の思いどおりに活き活きと仕事ができなければならないのです。しかし、組織人である以上、自分が自由に達成しようとする目標は、組織目標に貢献する目標でなければ組織で働く意味がない、給料をもらう資格がないということなのです。

ドラッカーは、この「自己目標管理こそマネジメントの哲学たるべきものである」[*35]と言います。自己目標管理こそが、人が自由人として活き活き働くことと、組織の目的と使命を果たすということを同時に達成する仕組みなのです。

ドラッカーになり代わって「自己目標管理」を熱く語ってきました。ここで、これまでの説明と脈絡がないと感じるかもしれませんが、次の3つの質問[*36]に答えてみてください。「どうしてここでこんな質問をするのか」といった疑問はとりあえず横に置いて、あなたの直属の上司（読者が会社役員の場合は社長）から次のように言われたら、あなたはどのように答えますか。じっくり考えてみてください。

STOP

読み進めるのを一旦停止して、問いに答えてみてください。

1. この組織及びあなたの上司である私に対して、あなたが責任を果たすべき貢献とは何でしょうか。
2. この組織及びあなたの上司である私は、あなたに何を期待すべきでしょうか。
3. あなたの知識と能力を最高に活用するにはどうしたらよいでしょうか。

＊35 『マネジメント 課題、責任、実践』P・F・ドラッカー著、上田惇生訳、（ダイヤモンド社）の第34章

噛み応えのある問いだったのではないでしょうか。私がここでこれらの問いをみなさんに投げかけたのは、これらの問いに気の利いた答えができるかどうかを確認したかったからではありません。

みなさんに確認したかったのは、「あなたの答えは、あなたの直属の上司が考えていることと完全に一致していると思いますか」ということなのです。

もし、完全に一致しているのであれば、あなたとあなたの上司との間では、すでに素晴らしいコミュニケーションがとれ、良好な信頼関係が築かれていることが推測できます。ただ一般的に上司は、あなたより広い事業領域を担い、より多くの情報をもち、より重たい責任を負っているはずです。ですから、あなたが考えていることと上司が考えていることは違っているのが普通なのです。

しかし、違いがあることが問題なのではありません。あなたと上司は立場も責任も違うのですから違っていて当たり前なのです。大切なのは、違いがあることを認識し、そこから真の意味でのコミュニケーション[*37]をとり、お互いがお互いを理解し、同じ方向に向かって進んでいくことなのです。

そして、違いがあるのは、あなたとあなたの上司との間だけではありません。あなたとあなたの部下たちとの間にも違いがあるでしょう。それは、あなたとあなたの部下たちとでは、見ている仕事の範囲も責任の重さも、何もかもが違うからです。

ドラッカーは、部下に対して次のような[38]「マネジャーへの手紙」を書かせることを推奨しています。

1. まず上司と自分の職務上の目標を、自分なりの理解に従ってしたためる。
2. 次に、自分に課せられた業績基準を書く。
3. つづいて、目標を達成するためになすべき事柄を列挙する。
4. 併せて、部門内の主な障壁も書き出す。
5. 上司や会社の行いのなかから、自分の助けになっていることがら、足を引っ張って

＊36 Peter F. Drucker “The Effective Executive” Harper Businessの第3章にある“What are the contributions for which this organization and I, your superior, should hold you accountable? What should we expect of you? What is the best utilization of your knowledge and your ability?”を著者が翻訳したもの。ちなみに“The Effective Executive”の翻訳本は『経営者の条件』(ダイヤモンド社)です。

＊37 コミュニケーションとは、単なる「伝達」や「対話」のことではありません。“communication”の語源は“common”と同じ「共有」です。真の意味でのコミュニケーションとは、「相互理解」や「意思疎通」のことです。

＊38 『マネジメント　務め、責任、実践』P・F・ドラッカー著、有賀裕子訳、(日経BP社)の第34章

いることがらを、それぞれ挙げる。

6．最後に、目標を達成するために、次年度は何を実行するかを提案する。

右記の1番の「上司と自分」という表現の「上司」とはあなたのことで、「自分」とはあなたの部下のことです。この「マネジャーへの手紙」を部下に書かせると、部下が考えていることとあなたが考えていることの間に違いがあることがすぐにわかるでしょう。

しかし、繰り返しますが、違いがあることに問題があるのではありません。違いがあることを認識し、そこから真の意味でのコミュニケーションをとり、お互いがお互いを理解し、同じ方向に向かって進んでいくことが大切なのです。

エンゲージメント（自発的貢献意欲）のスタート地点は、従業員一人ひとりに「この組織の中で自らが責任を果たすべき貢献は何か」をよく考えてもらうことです。

ただ、そのためには、会社役員が会社としての目的と使命を明確にしておかなければならないのです。33ページで述べたように、「組織の目的と使命」は、すべての従業員の仕事の基盤でありスタート地点なのです。

これまでＥＳ（従業員満足）が大切にされた時期がありました。もちろん、仕事を通しての自己実現など、従業員満足を考慮すべき面は間違いなくあります。しかし、従業員満足が必ずしも組織の成果に結びつくわけではありません。

従業員の満足や不満足にはいろいろな種類のものがあります。例えば、大きな仕事に従事しているから満足だと思っている人がいます。たいした仕事をしていなくてもそこその給料がもらえているから満足だと思っている人がいます。大切な仕事を任せてもらえてなくて不満な人がいます。何でもかんでも不満を訴える人がいます。

ドラッカーは、モチベーションに関して「満足は動機づけとして間違っている。満足とは受け身の気持ちである。（中略）意味あるものは、満足ではなく責任である」[*39]と言います。

人は自らの責任を果たし、成果をあげ、貢献することにより自信と誇りを得ます。自信や誇りは、他人から与えてもらうことはできません。そして、自らの仕事を通して自信と誇りを得た人は、放っておいてもさらに難しい仕事に挑戦していってくれるのです。

ドラッカーは企業には次の「3つの役割」があると言いました。

*39 『［新訳］現代の経営』P・F・ドラッカー著、上田惇生訳、（ダイヤモンド社）の第23章

1. 組織の目的と使命を果たす
2. 生産性をあげる
3. 社会的責任を果たす

2番目の役割を「生産性をあげる」と仮に訳してきましたが、原文は“Productive Work and Worker Achievement”でした。

“Productive Work”とは生産的な仕事、つまり成果につながる仕事です。それは、仕事自体を成果につながる生産的なものにするということだけでなく、働く人たちを生産的にする、つまり働く人たちが活き活き働いて成果をあげられるようにしなければならないということです。

次の“Worker Achievement”は、人の達成動機に関わる話です。ドラッカーは人が仕事に求めるものについて次のように言います。「純粋な経済面の便益だけでなく、それ以外の何かを仕事をとおして得たい、という要請が生まれた。暮らしが立ち行くだけでは、もはや十分ではない。仕事をとおして人生を実り多いものにできなくてはいけないのだ。(中略) 物質面はさておき、心理面、社会面の満足をもたらしてくれるよう、仕事に期待している。必ずしも楽しくなくてもよいが、達成感につながってほしいと考えているのだ[*40]」

“Worker Achievement”という言葉を、ドラッカー著作のほぼすべてを翻訳してきた上田惇生は「働く人を生かす」「人に成果をあげさせる」「自己実現」などと訳しています。もう一人の翻訳者である有賀裕子は「働き手に達成感を得させる」とか「働き手の達成意欲を満たす」などと訳しています。

つまり、“Worker Achievement”は「自己実現」のような大きな意味合いを持つ言葉で、その中でも「達成」ということが一つのキーワードになっている言葉なのです。

生活の糧《かて》を得るための給料は、従業員にとって極めて重要です。ただ、人は給料のためだけに働いているわけではありません。仕事を通しての挑戦、貢献、達成、自己実現などを求めているのです。

そしてドラッカーは、経営者に対して次のような鋭い指摘をするのです。「真の意味での資源と呼べるのは人材だけであり、成果をあげるには人的資源から生産性を引き出すほかない。（中略）企業を活性化させるのは、経営者の役割なのである[*41]」

*40 『マネジメント　務め、責任、実践』P・F・ドラッカー著、有賀裕子訳、（日経BP社）の第15章
*41 『マネジメント　務め、責任、実践』P・F・ドラッカー著、有賀裕子訳、（日経BP社）の第4章

(5) 社会的責任にどう向き合うべきか

近年、企業には社会課題への取り組みが強く求められるようになってきました。いまや社会課題に積極的に取り組まない企業は、顧客や市場から見限られる時代になってきています。

ドラッカーは50年以上前に、企業は社会的存在であるがゆえに、企業には「3つの役割」があると言いました。この「3つの役割」の3番目の「社会的責任を果たす」ということを説明するには原文の方がわかりやすいので、原文で「3つの役割」を表記します。[*42]

1. Purpose and Mission
2. Productive Work and Worker Achievement
3. Social Impacts and Social Responsibilities

34ページで説明したように、ドラッカーはこれら「3つの役割」はどれも重要であると言っています。そしてドラッカーは、この3番目の役割である〝Social Impacts and

Social Responsibilities" が何であり、どのような考え方でそれに対応すべきかについても述べています。

ドラッカーの考え方を説明する前にみなさんに質問です。みなさんの会社の優秀な部下、例えば経営企画室長から会社役員であるあなたへ、次のような質問があったらどう答えますか。

STOP

読み進めるのを一旦停止して、問いに答えてみてください。

当社の社会的責任について
検討しなければならないと思っています。
当社の社会的責任についての取り組み方針について、
役員としてのあなたの基本的な考え方を
教えていただけませんでしょうか。

＊42 Peter F. Drucker "Management: Tasks, Responsibilities, Practices" Collins Businessの第4章

ドラッカーは企業の社会的責任には2つの種類があると言います。

1つ目は「組織そのものが社会に与える影響から生じる責任[*43]」、つまり"Social Impacts"です。これは企業による公害、CO_2排出、さらには大きな工場などではそこに通う従業員が引き起こす交通渋滞なども含まれます。また、公害とは言えなくても、企業から出てくる音・匂い・光など、企業が社会に与える悪影響がすべて含まれます。つまり、企業が社会に与える影響に対する社会的責任です。

2つ目は「社会が抱える矛盾から生じる責任[*44]」、つまり"Social Responsibilities"です。これは地球温暖化、人権問題、少子高齢化など、社会が抱える課題の解決に企業は何ができるかという意味での社会的責任です。

1つ目の社会的責任である「社会に与える影響」について、ドラッカーは次のように言います。「自分たちがまわりに影響を及ぼしたなら、それが意図したものであろうとなかろうと、やはり責任を負わなくてはならない。組織が社会に与える影響に関して、経営層には確実に責任がある。それに対処するのが経営層の務めである[*45]」

理想的には、社会に与える影響を最小限にすること自体を事業機会にすることです。これは実際に多くの企業がそうしてきました。例えば、公害対策を事業機会として新しいビジネスにした企業はたくさんあります。

会社役員は企業が社会に与える影響を最小限にしなければなりません。ただ、企業が社会に与える影響を最小限にしようと思えばトレードオフは避けられません。つまり、コストアップや安全性など他の条件との兼ね合いをどうするかということです。

例えば、鉱山で環境への配慮から露天掘りをやめてトンネル掘りにすれば、コストアップだけではなく従業員の安全確保の問題も出てきます。社会的な影響を最小限にするために莫大《ばくだい》なコストがかかってしまう場合もあるでしょう。しかし、このトレードオフという難しい判断から逃げてはいけません。

単一企業での対応が難しいものは、適切な規制にまで持ち込むというのが、この「社会に与える影響」に対する会社役員の責任です。ドラッカーは、アメリカの自動車会社のフォードが、独自にシートベルト装着車を販売して全く売れなかったが、シートベルトはその後規制になった例を挙げています。[*46]

このドラッカーの「規制にまで持ち込む」という指摘に関して、私の頭に浮かんだのは

＊43、44、45、46 『マネジメント　務め、責任、実践』P・F・ドラッカー著、有賀裕子訳、（日経ＢＰ社）の第25章

東京電力の福島第一原発の例でした。地震による大津波がいずれ発生することは地震学者が指摘していました。ただ、当時は津波対策に数百億円規模の費用が必要だと言われていました。言っても詮《せん》ないことですが、もし東京電力が単一企業だけで対応を検討するのではなく、早期から政府や世論を巻き込んで議論ができていたら、現在の状況は大きく変わっていたかもしれません。

ドラッカーはこの「社会に与える影響」について次のように言います。「社会への影響には、経営層が責任を負わなくてはいけない。とはいっても、それが社会的な責任だからではない。事業上の責任だからである。理想は、社会への影響を取り除くための活動を、事業機会に変えることだろう。しかし、それができない場合は、最適なトレードオフにつながる規制を考え出し、幅広い議論をとおしてその導入を促すのが、経営層の仕事である」[*47]

この「社会に与える影響」についてもう一つ付け加えておきたいことがあります。それは新しい技術へのモニタリングということです。

ドラッカーは殺虫剤のＤＤＴを一例に、モニタリングの必要性を説いています。[*48] ＤＤＴはそれが開発された当初は、安価に大量生産できるうえに人や家畜には無害だと言われ爆発的に広まりました。しかし、その後発がん性が指摘され各国で使用が禁止されました。

新しい技術が将来どのような影響を社会にもたらすかを予測するのは極めて困難です。最近の例でいえば、ＡＩ（人工知能）や生成ＡＩが好例でしょう。ＡＩや生成ＡＩは今後爆発的に広まっていくことでしょう。しかし、ＡＩや生成ＡＩが社会にどんな悪影響を及ぼすかを、現時点で正確に予測することはできません。

ドラッカーは次のように言います。「新しい技術が導入されたら、どのような影響が生じているかを、慎重にモニタリングすべきである」[*49]

１つ目の社会的責任である「社会に与える影響」への対応に関するキーワードを次のようにまとめておきます。

1. 経営層が社会に与える影響の責任を自覚し、影響を最小限にする。
2. 影響を取り除くことを事業機会とする。
3. トレードオフは避けられない。
4. 単一企業で対応不可能なものは規制に持ち込む。

＊47、48、49 『マネジメント　務め、責任、実践』P・F・ドラッカー著、有賀裕子訳、（日経ＢＰ社）の第25章

5．新しい技術の影響をモニタリングする。

次は、2つ目の社会的責任である「社会が抱える矛盾から生じる責任」、つまり「社会課題への対応」についてです。この「社会課題への対応」について考えるにあたって、ドラッカーの「社会的責任全般」についての基本的な考え方を確認しておきたいと思います。

ドラッカーは次のように言います。「社会への影響や社会的責任については、大企業だけでなくすべての企業が、自分たちの役割をじっくり考え、目標を掲げ、成果をあげなくてはいけない」[*50]

民間企業はこれまで多くの不祥事を起こしてきました。それでもなお、民間企業が社会からの信頼を勝ち得ているのは、私たちが成果にこだわり、成果をあげてきたからです。2つ目の社会的責任である「社会課題への対応」についても、民間企業は成果をあげなければなりません。

「社会課題への対応」について次のように考えている企業があるかもしれません。「地球温暖化や人権問題などの社会課題に取り組まない企業は顧客や市場から見限られる時代になったので、とりあえず社会課題に取り組んでいるポーズだけでも取っておこう」

しかし、そんな態度で社会課題に取り組めば、成果があげられないだけでなく、最終的に顧客や市場から見限られることになるでしょう。

「社会課題への対応」についても成果をあげることに責任を持とうと思えば、社会課題に関してどんな「役割」を担うかだけでなく、自社が成果をあげられる「機会」はどこにあるのか、また自社の「限界」はどこなのかも同時に考えておかなければなりません。

ドラッカー経営学の基本思想の一つは「強みを活かせ」です。人も企業も弱みでは成果をあげられません。ドラッカーは次のように言います。「企業の強みは、責任が明確で成果を測定できる分野にこそある。（中略）『社会問題に対処するように』という求めに応じようとするなら、腰を上げる前に、解決に必要な仕事のうちどの部分に組織の能力を活かせるかを、じっくり検討した方がよい」[*51]

ドラッカーは、1960年代に大学が大都市の社会問題に取り組んだが、全く成果をあげられなかった例を挙げています。[*52] 大学には多彩な分野の学者がいると思われましたが、社会問題は政治色の強いものばかりでした。必要なのは学者の「真理を発見する」能力で

＊50『マネジメント　務め、責任、実践』P・F・ドラッカー著、有賀裕子訳、（日経BP社）の第24章
＊51、52『マネジメント　務め、責任、実践』P・F・ドラッカー著、有賀裕子訳、（日経BP社）の第26章

はなく、妥協点を見いだし優先順位をつける能力であり、成果は芳《かんば》しいものではありませんでした。

企業によっても得意分野は違います。地球温暖化の対応に力が発揮しやすい会社もあれば、地方の人口減少の対応に力が発揮しやすい会社もあるでしょう。どこに自社の能力が活かせるかを検討する必要があります。

「社会課題への対応」に関する「『機会』はどこにあるのか」という観点では、1つ目の社会的責任である「社会に与える影響」への対応と同じように、「社会課題への対応」を事業機会につなげることです。

ドラッカーは次のように言います。「一九世紀の主力産業はおおむね、工業都市という新しい社会環境から事業機会と市場を生み出すことによって成り立っていた。これが土台となって、ガス灯や電灯、路面電車、都市と都市とを結ぶ鉄道、電話、新聞、百貨店ほか、さまざまなものが普及した[*53]」

現代も同じようなことが言えるのではないでしょうか。いまはインターネットとデジタル化による第4次産業革命[*54]の時代だと言われることがあります。そのことによって、ネット販売に関連する輸送問題、リモートワークに関連する自宅でのワークスペースの問題など、さまざまな社会課題が出てきています。「新しい社会環境から事業機会と市場を生み出す」ことは現代においても可能です。

ドラッカーは、アメリカの大手百貨店シアーズの創業者ジュリアス・ローゼンワルドが「カウンティ・ファーム・エージェント」を考案し、農民たちの貧困、無学、孤立といった社会課題の解決に取り組み、農民の立場が改善され収入が増え、シアーズの市場拡大につながった例を挙げています。[*55]

過去の事例をひもとけば、社会問題を解決し成果をあげた人や企業は、「大きな社会問題に目を留め、『問題の解決を事業機会につなげるには、どうすればいいか』と自問自答した[*56]」ということです。

現代においても、60歳以上の雇用延長、共働き世帯の増加、地方の人口減少など、事業機会につなげられそうな社会課題はたくさんあると思います。

ドラッカーは「技術史上、一九世紀における最大の偉業は、『発明』の発明であるとい

＊53、55、56 『マネジメント 務め、責任、実践』P・F・ドラッカー著、有賀裕子訳、（日経BP社）の第25章

＊54 第1次産業革命（蒸気機関による機械化）→第2次産業革命（電気・石油による大量生産）→第3次産業革命（コンピューターによる自動化）→第4次産業革命（インターネットやデジタル化などによる高度な知識活動）

われる」[57]と言います。つまり、天才のひらめきでしかなかった「発明」を、「計画され組織化された意識的かつ体系的な活動」[58]である研究開発へと進化させたのです。

ドラッカーは、技術分野と同じように、「社会や地域のためのR＆Dを組織的に推し進めなくてはいけない。経営層は、社会や地域の課題や危機に着目し、その解決をとおして利益をあげられるように、イノベーションに取り組まなくてはいけない」[59]と言います。

「社会課題への対応」は、いろいろな意味で難しい面があります。社会課題に取り組んでいるだけで、成果に結びついていない場合もあるでしょう。また、社会課題には全く無頓《むとん》着《じゃく》で、利益にしか関心がない拝金主義の人や企業がいることもまた事実です。

ただ、ドラッカーは社会的責任の根本問題は別のところにあるとして次のように言います。「善良な意図、立派な行い、強い責任感などが、誤った方向へと進んでしまうことこそが、真の問題なのである」[60]

ドラッカーはいくつもの例を挙げて、そのような問題を指摘しています。例えば、米国の化学会社であるユニオンカーバイドは、古くから縁のあった地域の雇用創出のために新工場を建設しました。しかし、そこは地域特性もあって収益性が低く採算ギリギリであることはわかっていました。工場建設時点では先進的な汚染対策も施されましたが、そもそもが採算ギリギリの工場であったため、その後適切な設備対応もできず、結果的に公害で住民を苦しめることになってしまいました。[*61]

ドラッカーは次のように言います。「組織が果たす最大の貢献、最大の社会的責任は、本来の務めをまっとうすることだ。何よりも無責任なのは、社会的責任という謳《うた》い文句のもと、能力不足を顧みずに、あるいは権限を逸脱して、本来とは異なる仕事に手を出し、十分な成果をあげられなくなることである[*62]」

昨今の社会課題は、政府だけでは解決できない時代になりました。21ページの「新しい資本主義」のところでも説明しましたが、「官も民も」という考え方をベースに、社会課題への対応が民間企業にも迫られています。政府は民間企業に対して、社会課題への対応を要請してくるでしょう。

さらには、63ページで説明したように、企業が社会に及ぼす影響に対応する場合には、

＊57、58 『イノベーションと企業家精神』P・F・ドラッカー著　小林宏治監訳　上田惇生、佐々木実智男訳、（ダイヤモンド社）の2章
＊59 『マネジメント　務め、責任、実践』P・F・ドラッカー著、有賀裕子訳、（日経BP社）の第25章
＊60、61 『マネジメント　務め、責任、実践』P・F・ドラッカー著、有賀裕子訳、（日経BP社）の第24章
＊62 『マネジメント　務め、責任、実践』P・F・ドラッカー著、有賀裕子訳、（日経BP社）の第26章

政府を巻き込んで規制に持ち込む必要も出てきます。

ドラッカーは「企業にとって、政府との関係は、あらゆる関係性のなかで最も重要である[*63]」と言います。政府機関とよくコミュニケーションをとりながら、社会課題に対応し、成果をあげていただきたいと思います。

2つ目の社会的責任である「社会課題への対応」についても、キーワードを次のようにまとめておきます。

1. 「社会課題の対応」に関しても、成果をあげなくてはならない。
2. 「役割」だけでなく「機会」や「限界」についても考える。
3. どこに組織の能力が活かせるかを考え、「社会課題への対応」を事業機会とする。
4. 身の丈を超えた責任は引き受けない。
5. 政府との関係はあらゆる関係のなかで最も重要であることを認識する。

以上が社会的責任に関するドラッカーの考え方です。50年以上前に示されたものですが、基本的な考え方としていまでも参考になることがたくさんあると思います。

本書をお読みの会社役員の中で、単一企業での対応が難しい「社会に与える影響」は、適切な規制にまで持ち込むことが会社役員の責任であることを認識していた人がどれだけいるでしょうか。組織の運営責任者としての会社役員の責任は重いと言わざるを得ません。ドラッカーのような人から物事の本質を学んでおく必要があると思います。

一方で、地球温暖化などの社会課題のインパクトは、50年前の状況とは比べものにならないほど大きくなってきています。現代の状況において社会課題にどう具体的に対応するかは、現代の会社役員が決めることであることは言うまでもありません。

(6)経営者が目標を設定すべき「8つの領域」

企業の「3つの役割」について説明してきました。また、企業を存続させること、つまり利益をあげ続けることが会社役員の第一の責任であることも説明しました。ただ、企業にとっての利益は極めて重要です。ただ、企業の目的は利益をあげることではなく顧客を創造することです。そのために企業には「4つの機能」が必要であることも説明しました。

＊63 『マネジメント　務め、責任、実践』P・F・ドラッカー著、有賀裕子訳、(日経BP社)の第27章

ここまでくれば、会社役員が設定すべき企業の目標は、利益だけでないことが明確になります。目標を設定すべき領域は次の8つ[*64]があります。「8つの領域」が理解しやすいように、40ページの図表2－1を再掲載しておきます。図表2－1を見ながら読み進めてください。

①マーケティング
②イノベーション
（①②：2つの基本機能）

③人的資源
④資金
⑤物的資源
⑥生産性
（③〜⑥：経営管理的機能）

⑦社会的責任
⑧必要条件としての利益

企業の目的である「顧客の創造」のためにはマーケティングの目標とイノベーションの

図表 2-1　ドラッカー経営学の全体像（再掲載）

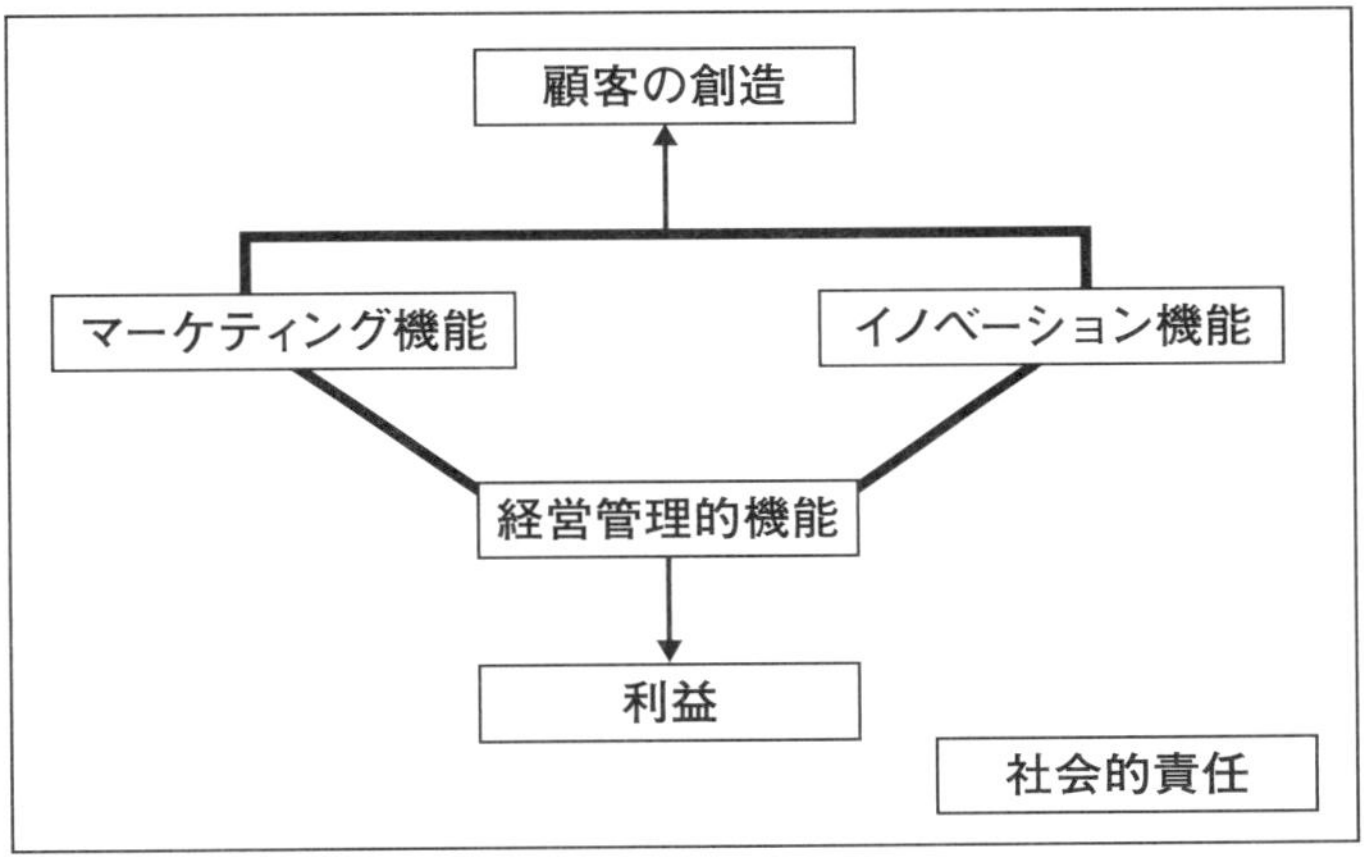

目標が必要です。企業が持つべき2つの基本機能に関する目標です。

「顧客の創造」のためには企業内の経営資源を生産的に使用できなければなりません。経済学では200年以上前から、経済活動には「人」「物」「金」の3つの資源が必要であると言われています（現代では4つ目の資源として「情報」を加えておくべきかもしれません）。

これら3つの経営資源の獲得と利用についての目標が必要です。そして、生産性の目標も必要になります。これら「人的資源」「資金」「物的資源」「生産性」の4つが、経営管理的機能に関わるものです。

＊64　『マネジメント　課題、責任、実践』P・F・ドラッカー著、上田惇生訳、（ダイヤモンド社）の第8章

そしてドラッカーは、生産性と経営陣の関係について次のように言います。「いかなる分野においても、企業間に差をもたらすものはマネジメントの質の違いである。マネジメントの質という決定的に重要な要因を測定する最良の尺度が、生産性すなわち経営資源の活用の程度とその成果である」[*65]「生産性こそ、経営陣にとって何よりの腕の見せ所なのである」[*66]

話が生産性と経営陣の関係に移ってしまいましたので、目標を設定すべき「8つの領域」に戻しましょう。

次に、社会的存在であるがゆえの企業の「社会的責任」という7番目の目標と、企業存続のための「必要条件としての利益」という8番目の目標が必要になるのです。

そして、この「目標」というものの本質的な意味についても触れておきます。

ドラッカーは、「目標は、自社の使命を果たすための行動の誓い」[*67]であるとして、次のように言います。「目標は確実に達成できるとはかぎらず、むしろ方向性を示したものだといえる。命令ではなく方針なのだ。将来を決定づけるわけではなく、将来を切り開くために経営資源を動員し、熱意を引き出すための手段である」[*68]

人が集まる組織においては、目標がなければ人はどこに向かって走っていけばいいのかわかりません。明確な目標があるからこそ経営資源を動員し、人の熱意を引き出すことができるのです。

そして、会社役員が設定する「8つの領域」における組織全体としての目標が、すべての従業員の行動のスタート地点になるのです。

＊65 『マネジメント　課題、責任、実践』P・F・ドラッカー著、上田惇生訳、（ダイヤモンド社）の第9章

＊66 『マネジメント　務め、責任、実践』P・F・ドラッカー著、有賀裕子訳、（日経BP社）の第9章

＊67 『マネジメント　務め、責任、実践』P・F・ドラッカー著、有賀裕子訳、（日経BP社）の第8章。引用文の中の「行動の誓い」は原文では"action commitments"です。

＊68 『マネジメント　務め、責任、実践』P・F・ドラッカー著、有賀裕子訳、（日経BP社）の第8章。引用文の中の「方針」は原文では"commitments"です。

第3章

「財務会計」は会社役員の必須科目

(1)財務会計の全体像

ここでもう一度「企業の第一の責任」に戻ってください。38ページで、ドラッカーの次の2つの言葉を紹介しました。

1.「企業にとって第一の責任は、存続することである」

2.「社会と経済にとって必要不可欠なものとしての利益については、弁解など無用である。企業人が罪を感じ、弁解の必要を感じるべきは、経済活動や社会活動の遂行に必要な利益を生むことができないことについてである」

ここでもう一つ、「企業の第一の責任」に関するドラッカーの言葉を紹介しておきたいと思います。

「経済的な業績こそ、企業の『第一』の責任である。少なくとも資本のコストに見合うだけの利益をあげられない企業は、社会的に無責任である。社会の資源を浪費しているにす

ぎない」[69]（傍点著者）

この文章の中の「資本のコストに見合うだけの利益」という言葉を聞いて、読者のみなさんは何を意味しているかピンときますか。資本のコストに見合うだけの利益をあげられていない経営陣は、「社会の資源を浪費しているにすぎない」とまで言われています。

会計がわかっていなくても経営はできます。しかし、プロの経営者として、責任を持って経営という仕事をしようと思えば、会計がわかっていないと話になりません。

私はこれまで約20年にわたって、日経ビジネススクールなどで財務会計の講師をしてきました。これから少し財務会計の話をして、その中で「資本のコストに見合うだけの利益」ということについて説明すると同時に、財務会計を使いながら、会社役員にとってのもう一つの重要な役割という話につなげていきたいと思います。

本書のベースになっている考え方は「大局観と本質論」です。ドラッカーの「大局観と本質論」とは比べものになりませんが、私も「全体像とその本質」ということをいつも大

＊69 『ポスト資本主義社会』P・F・ドラッカー著、上田惇生＋佐々木実智男＋田代正美訳、（ダイヤモンド社）の5章

切にしてきました。私が書いた『財務3表一体理解法』がベストセラーになったのも、財務会計の「全体像とその本質」を示したからだと思っています。

会社役員が簿記や仕訳の細かいところまで理解しておく必要はないと思います。しかし、財務会計の「全体像と基本的な仕組み」は理解しておく必要があります。

そういう意味で、財務会計の全体像というところから話を始めたいと思います。みなさんに質問です。「そもそも財務諸表は何のために作るのでしょうか」。日本ではすべての企業が財務諸表を作らなければならないと法律で定められています。

財務諸表を作る目的はいくつもあります。みなさんのような経営陣が、会社の事業実態を数字で把握して、しっかり経営していくための道具として作られるという面があります。また、法人税を計算するための元ネタ帳になっているという意味合いもあります。

ただ、財務諸表を作る一番大きな目的は、会社の外の関係者に、みなさんの会社の事業実態を正しく伝えるためです。

会社の外の関係者とは、出資をしている株主、お金を貸してくださっている金融機関、これからみなさんの会社に出資をしようかと考えている投資家などです。つまり、会社の外の関係者とは、みなさんの会社に関係のある、もしくはみなさんの会社に興味を持って

図表3-1　すべての企業に共通する3つの活動

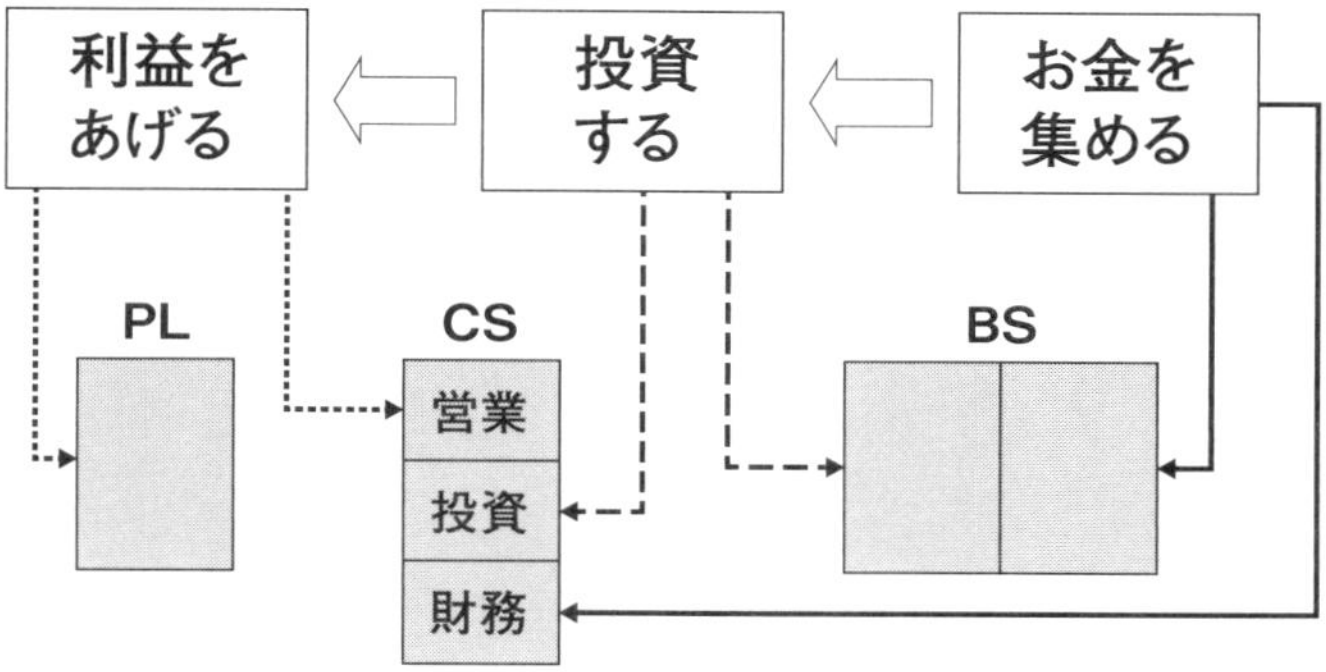

いる人たちです。

では、会社の外の関係者は、みなさんの会社の何を知りたいと思っているのでしょうか。みなさんの会社はどういうデータを開示しておけば、会社の外の関係者は満足するのでしょうか。

経済産業省の調べによれば、いま日本には約360万社の会社があるそうです。実は、この360万社の会社は、業種が違おうと業態が違おうと行っていることは同じなのです。すべての企業が行っていることは、図表3-1に示すように、お金を集める→投資する→利益をあげるという3つの活動です。

会社勤めをしている人は、この3つの活動をあまり意識することはないかもしれません。ただ、創業社長はこの3つの活動のことをだれでも知っています。

会社を興《おこ》そうと思えば最初に必ずお金が要ります。それを資本金か借入金といった形で集めてきます。何のためにお金が必要かと言えば、それは投資のためです。製造業なら工場建設、飲食業なら店舗調達のためにお金が要ります。そして、その工場や店舗を使って利益をあげるのです。

商社とか小売業は、集めてきたお金を商材に投資します。そして、その商材を販売して利益をあげます。私のような執筆業は会社を興すときにほとんどお金が要りません。しかし、私も事務所を持っていますし、事務所には大きな本棚を置いています。わずかばかりのお金ですが、それを事務所や本棚に投資して、それらを使って利益をあげているのです。

この お金を集める → 投資する → 利益をあげる という3つの活動は、すべての企業に共通する活動です。このすべての企業に共通する3つの活動を、「財務3表」と呼ばれるPL（損益計算書）・BS（貸借対照表）・CS（キャッシュフロー計算書）で表しているのです。

BSは83ページの図表3－1のように、真ん中に線が引いてあって左右に分かれています。なぜ、左右に分かれているかというと、図のように、BSの右側には会社が「いままでにどうやってお金を集めてきたか」ということが記載されていて、BSの左側には「その集めてきたお金が何に投資されたか」が記載されているのです。そして、図の一番左のPLで「1事業年度にどのように利益をあげたか」が計算されているのです。

このBSとPLの中には、日本では円単位の数字がズラーっと並んでいます。円単位の数字が並んでいるのですが、このBSとPLの中の数字は必ずしも現金の動きを表す数字ではありません。売掛による売上、買掛による仕入、はたまた減価償却費など、現金の動きを伴わない数字が入っているからです。

私たちは子供のころから、円単位の数字が並んだ表は収支計算書しか見たことがありません。お小遣い帳も家計簿も収支計算書です。その中にある数字は、現金がいくら入ってきて（収入）、いくら出ていったか（支出）という現金の動きを表しています。

やはり、企業も1事業年度にどのような現金の出入りがあったかがすぐにわかるようにしておいた方がよいということで、日本では西暦2000年からCSの作成が義務づけられました。CSは“Cash Flow Statement”の頭文字をとったものです。この英語をそのまま日本語に訳すと、「現金・流れ・計算書」ということになります。そうなのです。このCSこそが、現金の流れを表す収支計算書なのです。

一般的な収支計算書は、「収入」「支出」「残高」の3つの欄に分かれています。ただ、企業が作る収支計算書であるCSはちょっと違った分かれ方をしています。同じ3つに分かれているのですが、「営業活動によるキャッシュフロー」「投資活動によるキャッシュフロー」「財務活動によるキャッシュフロー」の3つの欄に分かれています。

どうしてこのように分かれているのか。83ページの図表3－1を見れば一目瞭然ですね。会社の「お金を集める」が「財務活動によるキャッシュフロー」に、「投資する」が「投資活動によるキャッシュフロー」に、そして「利益をあげる」が「営業活動によるキャッシュフロー」に表されているのです。

私は、この83ページの図表3－1が財務会計の全体像だと思っています。この図が理解できただけで、財務会計に対するアレルギーは少し和らいだのではないかと思います。

いまここに、年間10億円の利益をあげている会社があったとします。この年間10億円の利益をあげている会社はスゴイ会社でしょうか、スゴクない会社でしょうか。

例えば、私の会社ボナ・ヴィータ コーポレーションは、基本的に私一人で運営している超零細企業です。こんな一人で運営している会社が、年間10億円の当期純利益をあげていたとすれば、これは「スゴイ」ということで何の問題もないと思います。世界中探しても、一人で年間10億円の利益をあげている人はほとんどいないと思います。ただ、例えば日本で一番売上高の多いトヨタ自動車が年間10億円の当期純利益では、関係者はだれも満足しないでしょう。

つまり、利益が多いか少ないかだけでは会社は評価できず、その利益をあげるために、どれだけの投資をしていて、その投資のためのお金をどうやって集めてきているかという、事業の全体像がわからなければ会社の評価はできないのです。この事業の全体像である［お金を集める］→［投資する］→［利益をあげる］という3つの活動が、PL・BS・CSという3つの表であらわされているのです。

(2)そもそも配当とは何か

次に配当の仕組みについて説明します。配当の仕組みが理解できていないと財務会計がわかっているとは言えないでしょう。もっと言えば、配当の仕組みがわかっていないと、資本主義社会における財務会計の意味もわからないということです。

ここからは、資本主義社会の論理に則って話をしていきます。簡単に言えば、会社は株主のものであるという考え方をベースに説明していきます。日本では会社はだれのものかという議論はいろいろありますが、欧米で「会社はだれのものか」と問えば、即座に「会社は株主のものである」という答えが返ってきます。資本主義の論理にしたがえば、会社は株主のものです。

図表3－2の中のBSが「会社」を表していると思ってください。この会社に株主が出資して、この会社を保有しています。100%シェアーの一人株主だと考えていただくのがよいと思います。

このBSで表されている会社が、1年間事業活動を行うと売上高があがります。その売上高からすべての費用を差し引くと当期純利益が残ります。さて、この当期純利益はだれのものでしょうか。

この当期純利益は株主のものです。なぜなら、会社は株主のものだからです。しかし、読者のみなさんは、さすがにこの当期純利益は会社が稼ぎ出したのだから会社のものだろうと思われるかもしれません。

この株主は何のためにこの会社に出資しているのでしょうか。出資の理由は株主によって、また会社によってさまざまです。しかし、株主が株式投資をする一般的な理由は、自分が持っているお金を増やしたいからです。

図表 3-2　利益と配当と BS の関係

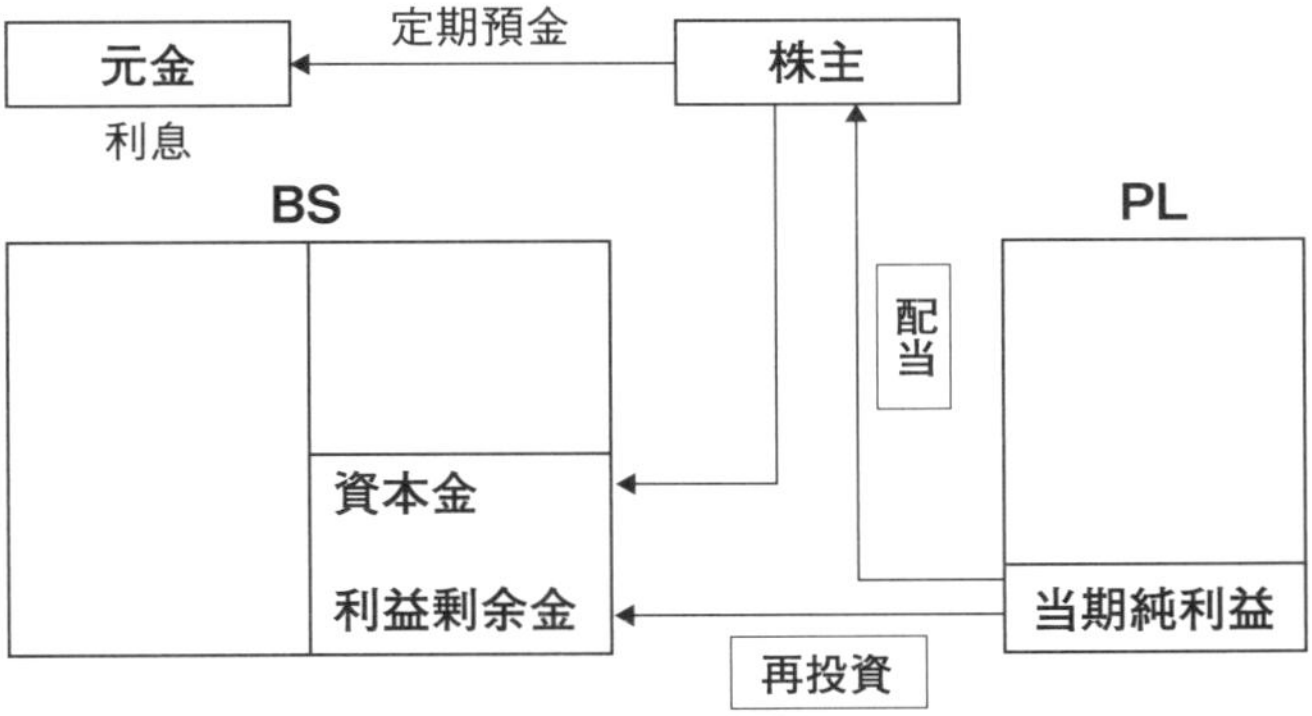

世の中にお金を増やす方法はたくさんあります。定期預金をする、投資信託をする、不動産を買うなど、いろいろな方法があります。

この株主は自分のお金を増やすために、このBSで表されている会社に投資していたと思ってください。例えば、100万円出資していたとしましょう。

ただ、株式投資は株価が変動します。つまり元金部分が変化します。株価はいつなんどき急降下するかわかりません。この株主は元本割れになるようなリスクを負いたくないと考え、この100万円の株式投資をやめ、定期預金に100万円を預けたと思ってください。

100万円を定期預金に預ければ利息がつ

きます。年利1％の定期預金なら、1年間で1万円の利息がつきます。この1万円の利息はだれのものでしょうか。みなさんに問うまでもなく、この定期預金をしているこの元株主のものですね。

実は、定期預金における元金と利息の関係が、株式投資における資本金と当期純利益の関係によく似ているのです。

定期預金に100万円を預ける場合に、利息の1万円は毎年引き出して、元金部分の100万円だけを定期預金にしておくのか、それとも利息の1万円は満期になれば自動的に元金部分に加えて複利で運用するという定期預金にするのかは、みなさんが定期預金をするときにその運用方法を選べますね。

この定期預金における元金と利息の関係が、株式投資における資本金と当期純利益の関係によく似ていて、利息にあたる当期純利益を毎年株主が引き出すのが配当で、引き出さずにこの当期純利益を、この会社という金融商品に再投資して複利で運用していくのが、会社に積み上がっていく利益剰余金なのです。

ただ、89ページの図表3－2の線は正確に言えば少し間違っています。利息にあたる当期純利益は一旦BSの利益剰余金に積み上がって、その利益剰余金の中から配当に回るものと、会社に再投資されるものが分かれるというのが正しい流れなのです。

ただ、みなさんにここでよく理解しておいていただきたいことは、定期預金における元金と利息の関係が、株式投資における資本金と当期純利益の関係によく似ているということです。

(3) なぜいまROIC(投下資本利益率)なのか

この配当の仕組みがわかれば、資本主義社会の事業のプロセスがPLとBSで表されているということもよくわかります。次ページの図表3－3をご覧ください。図表3－3は、右がPL左がBSで、各部分の金額の大きさが図の大きさで表されていると思ってください。では、図表3－3を見ながら読み進めてください。

資本主義社会の事業は自己資本、つまり株主の資本金からスタートします。しかし、資本金だけで事業を行おうとすると、資本金の額だけの資産しか調達できません。この会社の経営者が金融機関に行って融資のお願いをし、それが承認されれば金融機関から借入金という他人資本が会社に入ってきます。

図表3-3　資本主義社会における事業のプロセス

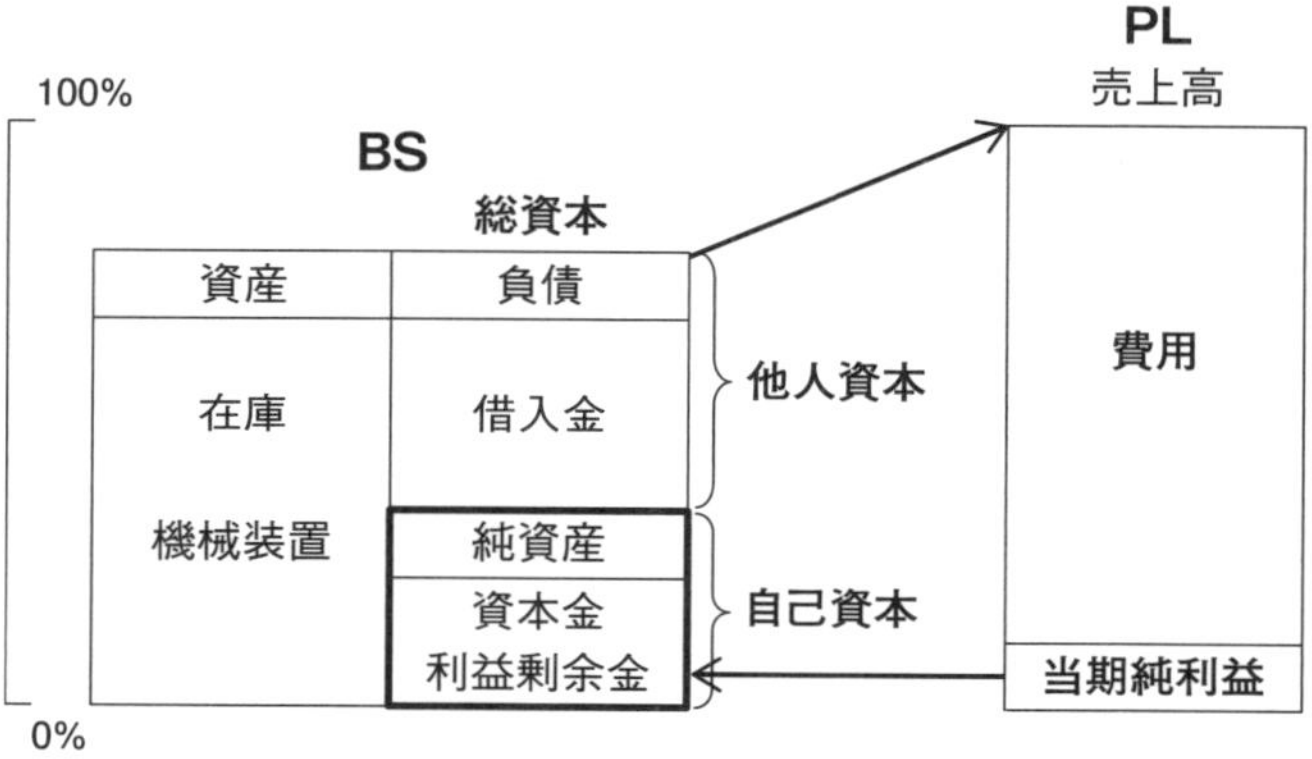

この自己資本と他人資本を使ってたくさんの資産を調達し、そのたくさんの資産でたくさんの売上高を生み出し、その売上高からすべての費用を差し引くと当期純利益が残ります。

資本主義社会の事業のプロセスとは、株主の自己資本からスタートした事業が、事業というプロセスを通して当期純利益という利息を生み出し、その当期純利益がまた株主の自己資本を増やしていくということなのです。

資本主義社会における事業のプロセスと財務会計の全体像がわかれば、80ページに出てきた「資本のコストに見合うだけの利益」という言葉の意味や、最近頻繁に出てくるＲＯＩＣの意味も簡単にわかります。

まずは「資本のコスト」というところから話を始めたいと思います。資本には自己資本と他人資本がありました。そして、これらの資本にはそれぞれコストがかかっています。まず、他人資本のコストとは何でしょうか。そうですね。簡単に言えば借入金の利息です。では、自己資本のコストは何でしょうか。借入金のコストが利息なら、資本金のコストは配当ということになるような気がします。

ただ、自己資本の資本コストを求める際によく用いられている方法は、資本資産価格モデル：CAPM（Capital Assets Pricing Model）という考え方を利用するものです。それは次の式で計算されます。

自己資本の資本コスト＝リスクフリーレート＋リスクプレミアム

リスクフリーレートとはリスクがゼロの投資機会に対する利回りで、一般的には長期国債の利回りが用いられます。リスクプレミアムは、個々の会社の状況に応じてリスクフリーレートに加算されるコストです。会社の株式を購入する人にとっては、長期国債より株式のほうがリスクが高いため、上乗せする値がこのリスクプレミアムです。

このリスクプレミアムの値は会社によって異なるのですが、細かな計算は専門家に任せ、みなさんは基本的な考え方だけ理解しておけばよいと思います。

この他人資本のコストを「負債コスト」、自己資本のコストを「株主資本コスト」と言い、その値は基本的には％で表されます。例えば、負債コストとは借入金の利率です。

自己資本と他人資本をどのような組み合わせで使っているかは会社によってさまざまですから、それぞれの会社の資本コストを求めるには、負債コストと株主資本コストを加重平均して求めます。これをWACC（Weighted Average Cost of Capital）と言います。日本語では「加重平均資本コスト」です。

株主から見た企業の収益性を評価するうえで、非常に大切な評価項目にROE（Return on Equity：自己資本利益率）があります。計算式は次のとおりです。

ROE＝当期純利益÷自己資本

なぜこのROEが株主にとって大切かと言うと、90ページの配当のところで説明したように、定期預金における元金と利息の関係が、株式投資における資本金と当期純利益の関係によく似てるからです。

つまりＲＯＥは、株主が出資した資本金である自己資本が、１年間にどれくらいの利息にあたる当期純利益を生み出してるかということを計算しているのです。ＲＯＥとは、事業という金融商品の利率を表しているようなものなのです。

さらに言えば、株主は出資している会社からの配当を期待しています。その配当は利益剰余金をベースに行われます。その利益剰余金とは毎年の当期純利益が積み上がったものです。

つまり、配当の元になる利益剰余金、その元になる当期純利益が、自分が出資している資本金との関係でどのくらい稼ぎ出されているかを見ているのがＲＯＥです。なので、株主にとってはとても大切な数字なのです。

最近ＲＯＩＣという評価項目が重要視されてきています。ＲＯＩＣの計算式は次のとおりです。

ＲＯＩＣ＝税引後営業利益÷（有利子負債＋自己資本）

近年、自己株式を取得してＲＯＥの数値を上げるといった、財務的な操作によって財務的価値を向上させるような例が増えてきています。自己株式を取得すればＲＯＥが上がるだけでなく、一般的には株価も上がります。自己株式を取得すると、市場に出回っている株式が少なくなりますから、経済学の需要と供給の論理から株価が上がるのです。

しかしながら、最近の大きな流れは短期的な財務価値向上ではなく、長期的な企業価値向上です。このような流れのなかで登場してきたのがＲＯＩＣです。

ＲＯＩＣの計算式からわかるように、例えば借金をしてそのお金で自己株式を取得したような場合、自己資本が減った分有利子負債が増えますから、基本的にＲＯＩＣの数値に大きな変化はないのです。

ここでＲＯＩＣの分子が「税引後営業利益」になっていることに注目してください。ＲＯＥの分子は「当期純利益」でした。ここが「資本のコストに見合うだけの利益」という言葉のポイントなのです。

ＲＯＥの数値目標を明確にしている会社はたくさんあります。ただ、ＲＯＥの数値をただ単に他社の数値と比較しても大きな意味はありません。

ＲＯＥは自己資本に対する利益率ですが、この自己資本にはコストが掛かっています。

94ページで説明した株主資本コストです。そして、この株主資本コストは企業毎に異なるのです。

つまりROEは、自社の株主資本コストと比較しなければ意味がないのです。これが「資本のコストに見合うだけの利益」ということです。

では、なぜROICの分子は「税引後営業利益」なのでしょうか。ROICの分母が「有利子負債+自己資本」になっていることからわかるように、ROICの利益率とは、お金を貸している債権者と出資している株主にとっての利益率なのです。ここは大切なところなのでもう少し詳しく説明しておきます。

会社が稼ぎ出した利益は3カ所への支払いが必要になってきます。まずは債権者への利息の支払い、次が政府機関への税金の支払い、そして最後が株主への配当金の支払いです。

ROEは株主にとっての利益率、つまり自己資本にとっての利益率ですから、その計算式の分子は、株主への配当金支払いの原資になる当期純利益になります。

一方ROICは、債権者と株主にとっての利益率ですから、分母は「有利子負債+自己資本」で、分子は債権者への利息支払いと株主への配当金支払いの原資となる、税金を支払った後の利益である「税引後営業利益」なのです。

論理的に言えば、分子は「利払前税引後利益」が正しいと思いますし、そのように解説しているＲＯＩＣの解説書もあります。ただ、ＲＯＩＣは本業の営業成績を重視しますので、一般的に分子を「税引後営業利益」にしているものと思われます。ちなみに、ＲＯＩＣの計算式の分子を何にすべきかについてはさまざまな議論があります。

ＲＯＩＣの数値もＲＯＥの数値と同じように、ただ単に他社の数値と比較してもあまり意味がありません。資本にはコストが掛かっており、その資本コストは会社によって異なるからです。

ＲＯＩＣは、「有利子負債＋自己資本」のコストであるその会社のＷＡＣＣと比較しなければ意味がないのです。繰り返しますが、これが「資本のコストに見合うだけの利益」ということなのです。

(4)今日の会社役員の意思決定が明日の会社をつくる

資本主義社会における事業のプロセスと財務会計の全体像を理解していただいたところで、財務会計を使いながら会社役員の役割という話につなげていきたいと思います。

次ページの図表3－4は自動車会社の株式会社SUBARU（かつての富士重工業、以下「スバル」）とマツダ株式会社（以下「マツダ」）の2008年3月期のPLとBSを、各部分の金額の大きさが図の大きさでわかるように作図したものです。

売上高で比較すると、当時のスバルの売上高はマツダの半分以下でした。それが2024年3月期には図表3－5のようになっています。売上高はほぼ同じになり、BSの総資本はスバルの方が大きくなっています。本業の営業活動による利益を表している営業利益率はスバルの方がはるかによくなっています。

これは何が起こったのでしょうか。ドラッカーは「業績のカギは集中である」[*70]と言います。スバルはある時期から北米市場に集中しました。私も車が嫌いなわけではなく、「いつかはレガシー」などと思っていたこともありましたが、スバルのレガシーという車は何代か前から北米市場向けの図体の大きい車になってしまい、日本人には魅力の薄い車になりました。また、スバルは個性的な軽自動車を作っていましたが、その生産もやめてしまいました。しかし、北米市場に集中したことにより、売上と利益を極端に伸ばしたのです。

＊70 『［新訳］創造する経営者』P・F・ドラッカー著、上田惇生訳、（ダイヤモンド社）の第1章

マツダ（2008年3月期）

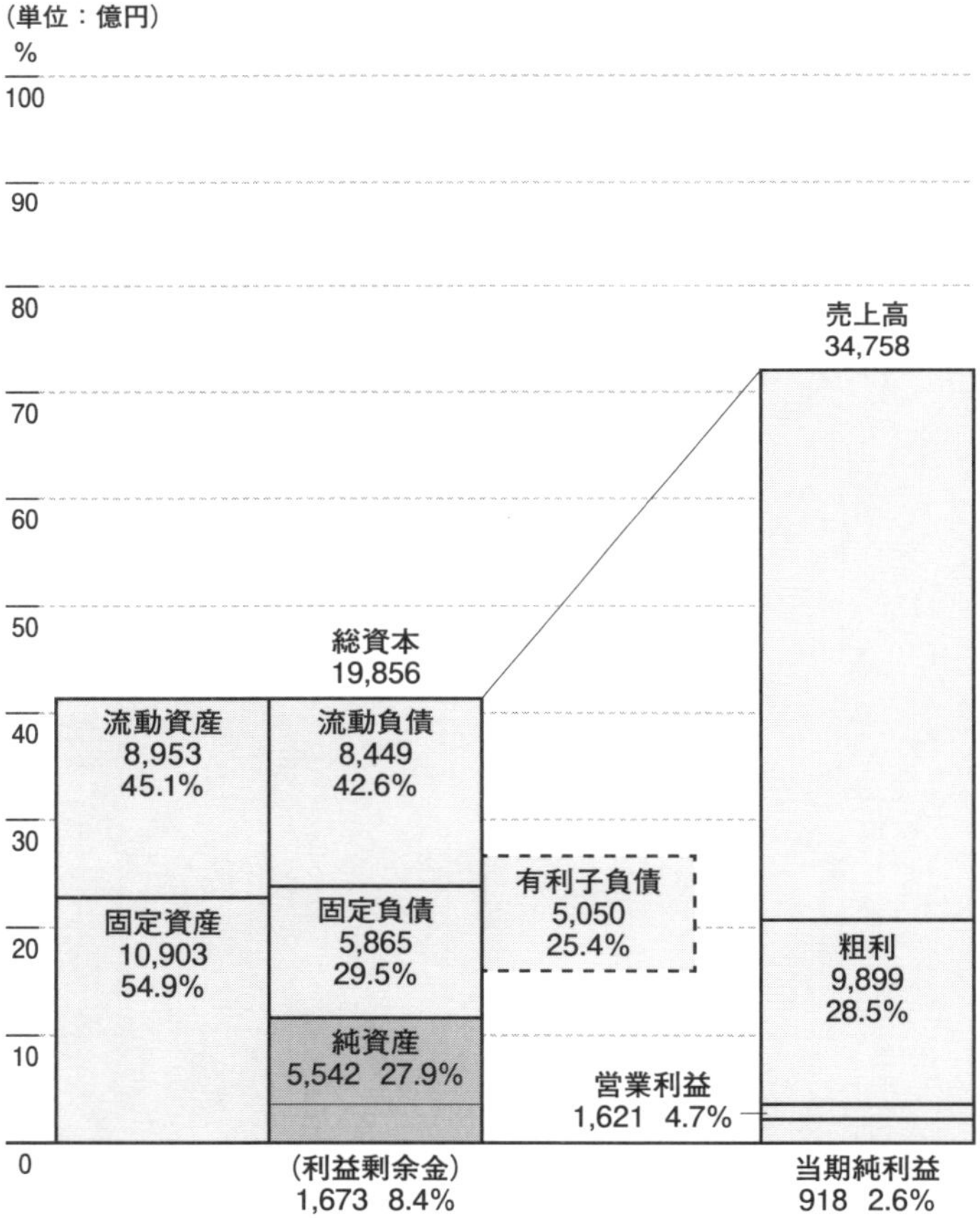

図表3-4　スバルとマツダの2008年3月期のPLとBS

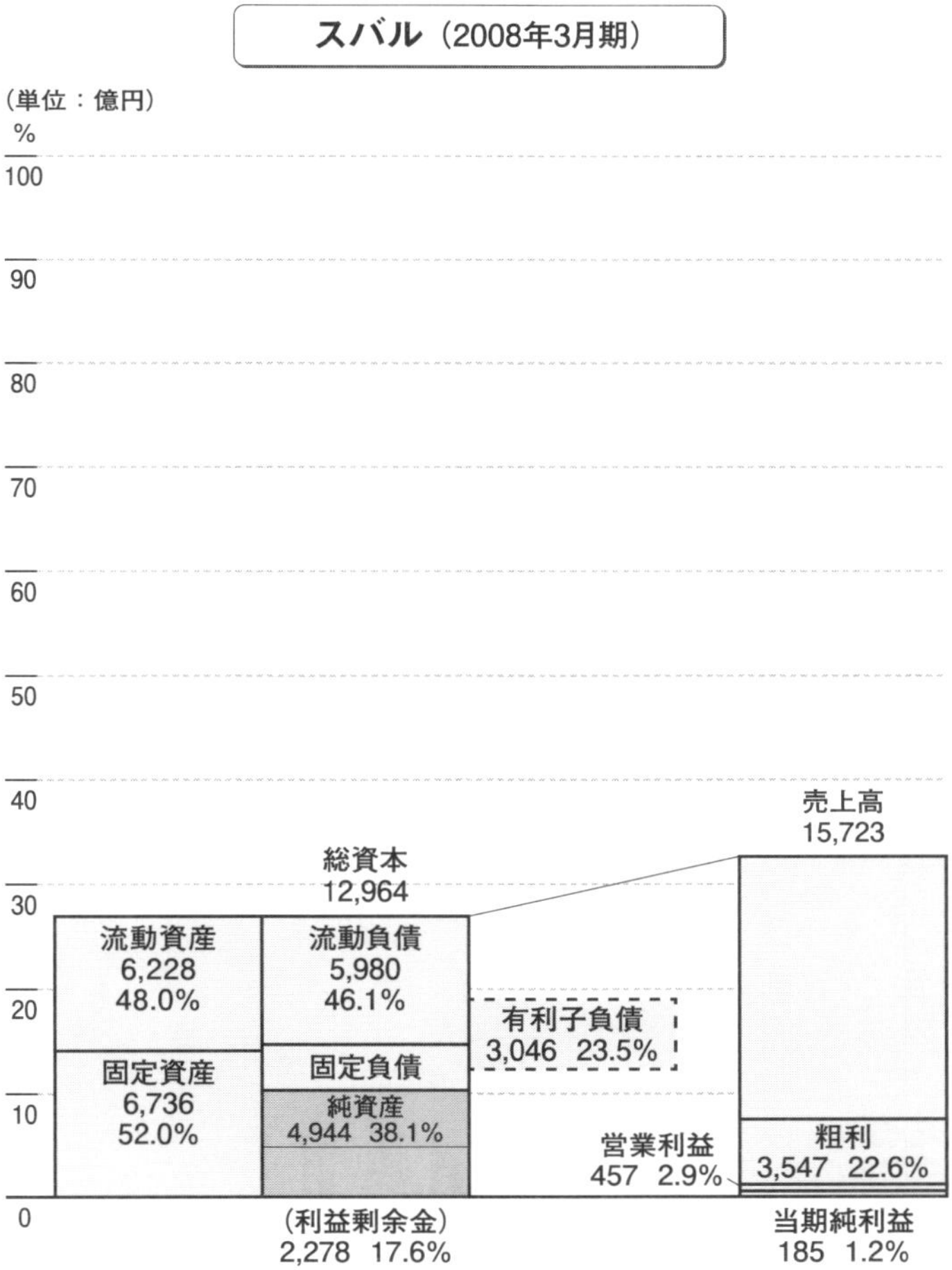

マツダ（2024年3月期）

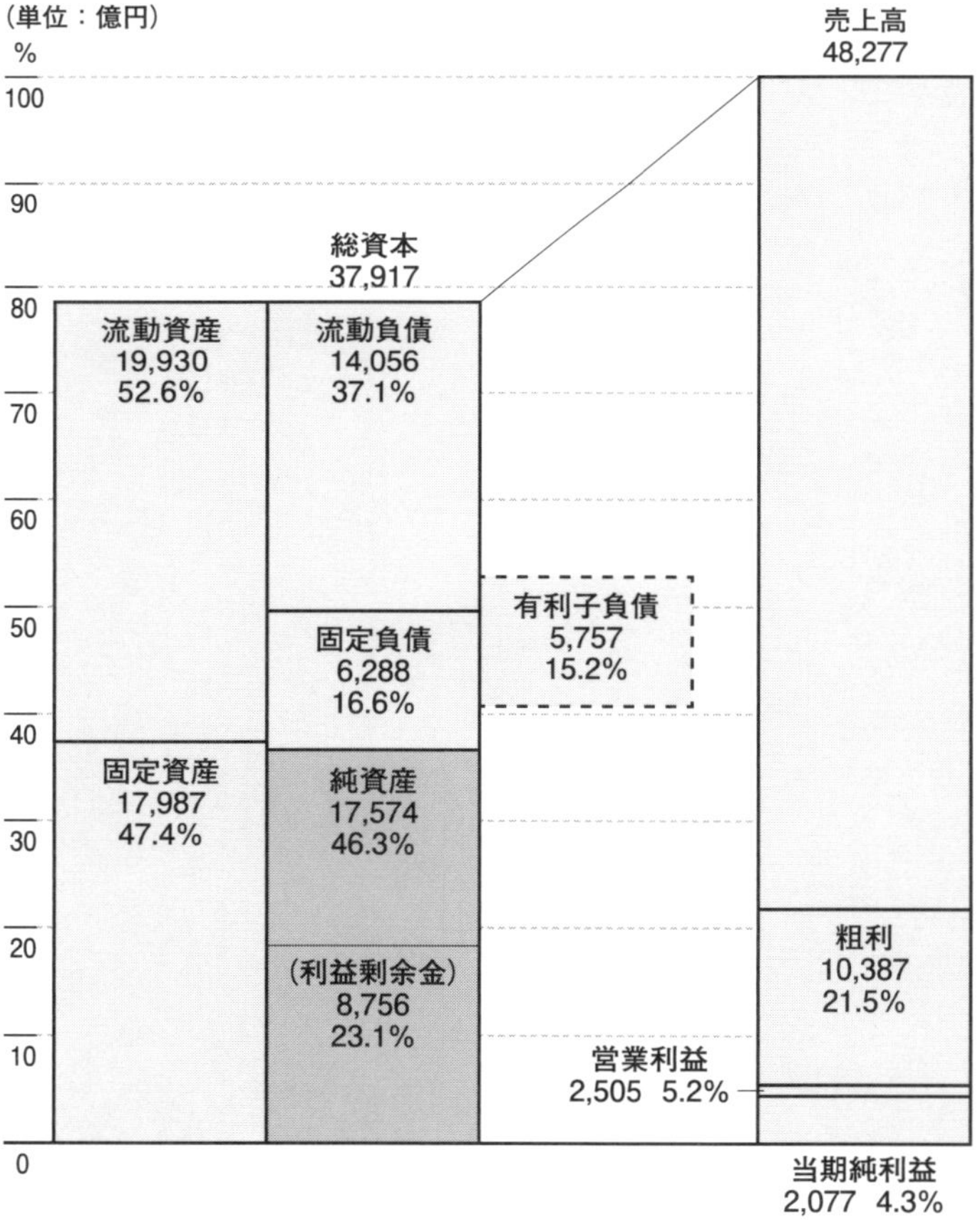

図表3-5　スバルとマツダの2024年3月期のPLとBS

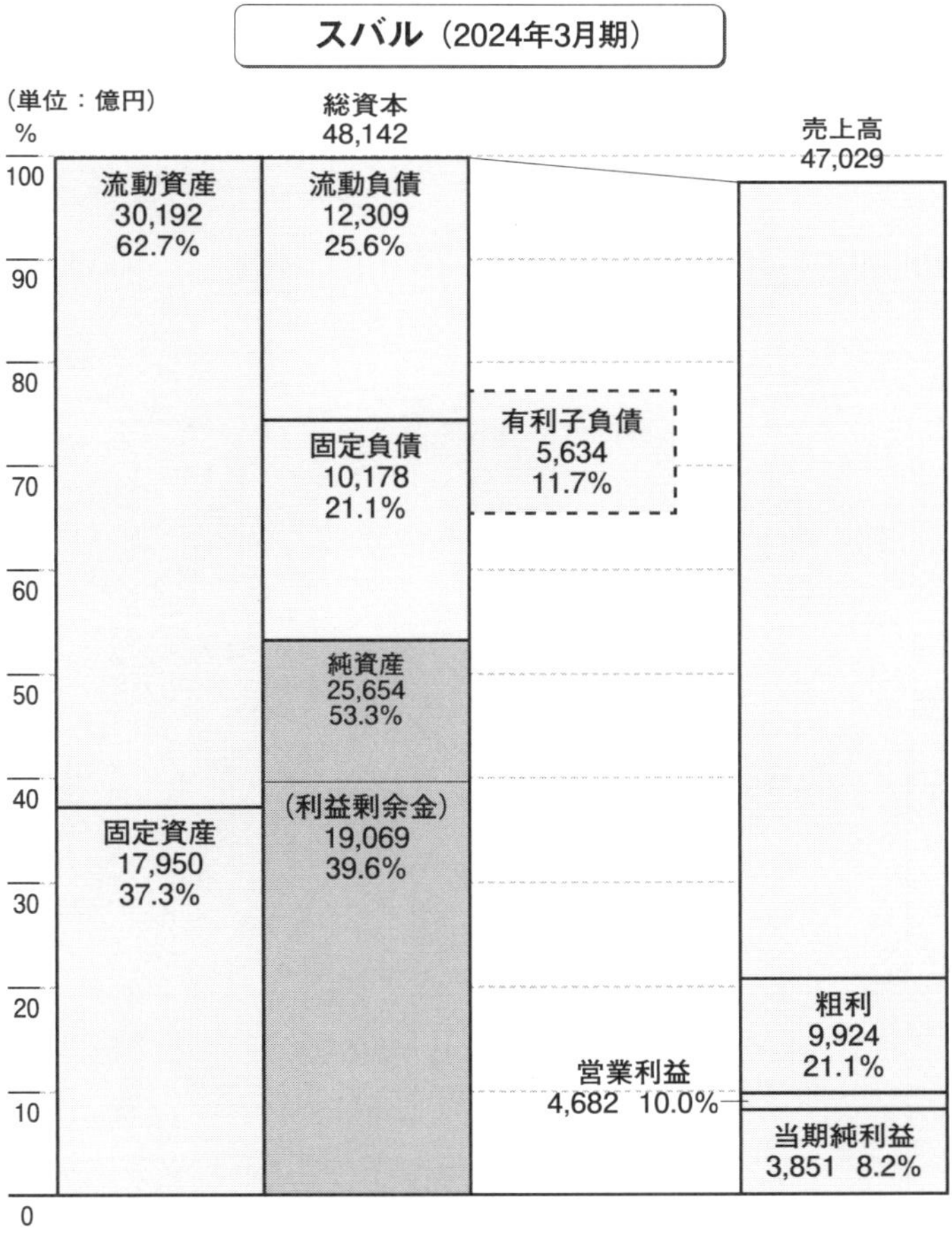

そこには間違いなく、経営陣の経営判断がありました。経営陣の経営判断が会社の未来の姿を変えていったのです。

マツダはスバルほどには急成長していませんが、マツダも自動車業界において業績が良好な会社と言っていいでしょう。マツダは車好きな人向けのカッコイイ車に特化しました。日本で一番売れているカテゴリーであるミニバンの市場も捨てて、集中化戦略をとりました。

集中化戦略はリスクのある意思決定ですが、スバルもマツダも市場における自らの立ち位置を明確にすることによって成功しました。正に「業績のカギは集中である」ということであり、どこかで経営陣がそれを意思決定したのです。

次はビール業界を見てみましょう。106〜107ページの図表3-6はアサヒグループホールディングス株式会社（以下「アサヒ」）とキリンホールディングス株式会社（以下「キリン」）の2008年12月期のPLとBSです。

売上高も総資本もキリンの方が大きいことがわかります。特にこの当時のキリンは、海外拡大・M&A[*71]拡大戦略をとっていました。日本の人口は将来減少していくことが明らかで、若い世代のビール離れも進んでいました。キリンは国内市場での成長戦略は描けないと判断し、海外の飲料メーカーをたくさん傘下に収めていました。

飲料だけではありません。キリンは傘下にキリンファーマという製薬会社を持っていましたが、いまはキリンファーマという会社はありません。協和発酵キリン（現在は協和キリン）という会社になりました。これは、キリンファーマの4倍くらいの売上高のあった協和発酵とキリンファーマが一緒になって協和発酵キリンという会社になると同時に、その協和発酵キリンの筆頭株主にキリンが就いたのです。

当時のキリンはこのような海外拡大・M&A拡大戦略をとっていたこともあり、BSの大きさが急拡大していた頃でした。

それが、2023年12月期には図表3-7のようになります。アサヒが急拡大していることがわかります。特にBSが飛躍的に大きくなっています。これは、その後アサヒが海外拡大・M&A拡大戦略をとったからです。

アサヒはビール業界世界最大手のアンハイザー・ブッシュ・インベブ社から、2016年に西欧のビール事業を買収し、2017年には中東欧5カ国（チェコ、ポーランド、ハンガ

＊71　"Mergers & Acquisitions"の略。日本語では「合併と買収」と訳されている。

キリン（2008年12月期）

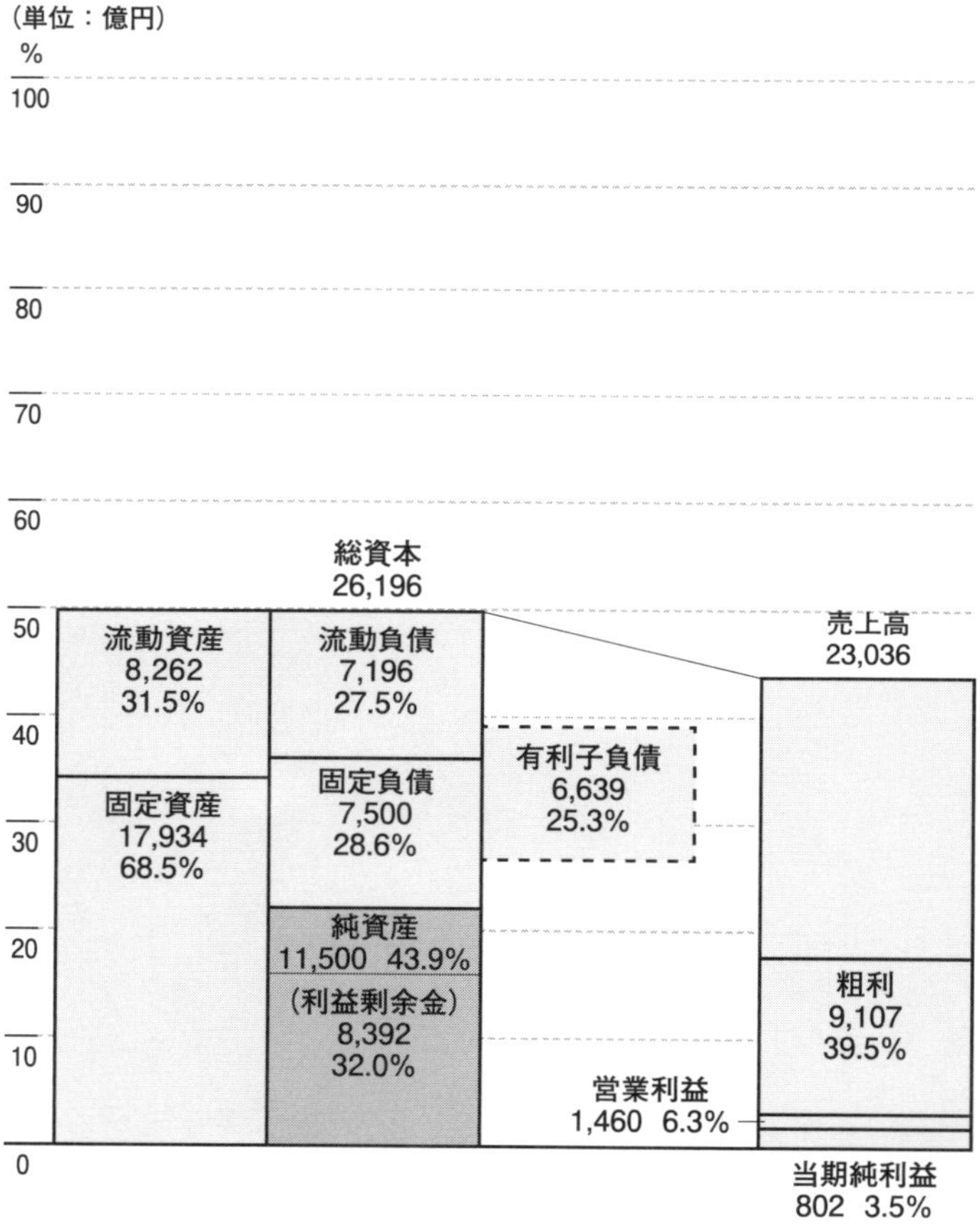

（単位：億円）
%
100
90
80
70
60
50
40
30
20
10
0
総資本
26,196
流動資産
8,262
31.5%
固定資産
17,934
68.5%
流動負債
7,196
27.5%
固定負債
7,500
28.6%
純資産
11,500 43.9%
（利益剰余金）
8,392
32.0%
有利子負債
6,639
25.3%
売上高
23,036
粗利
9,107
39.5%
営業利益
1,460 6.3%
当期純利益
802 3.5%

図表3-6　アサヒとキリンの2008年12月期のPLとBS

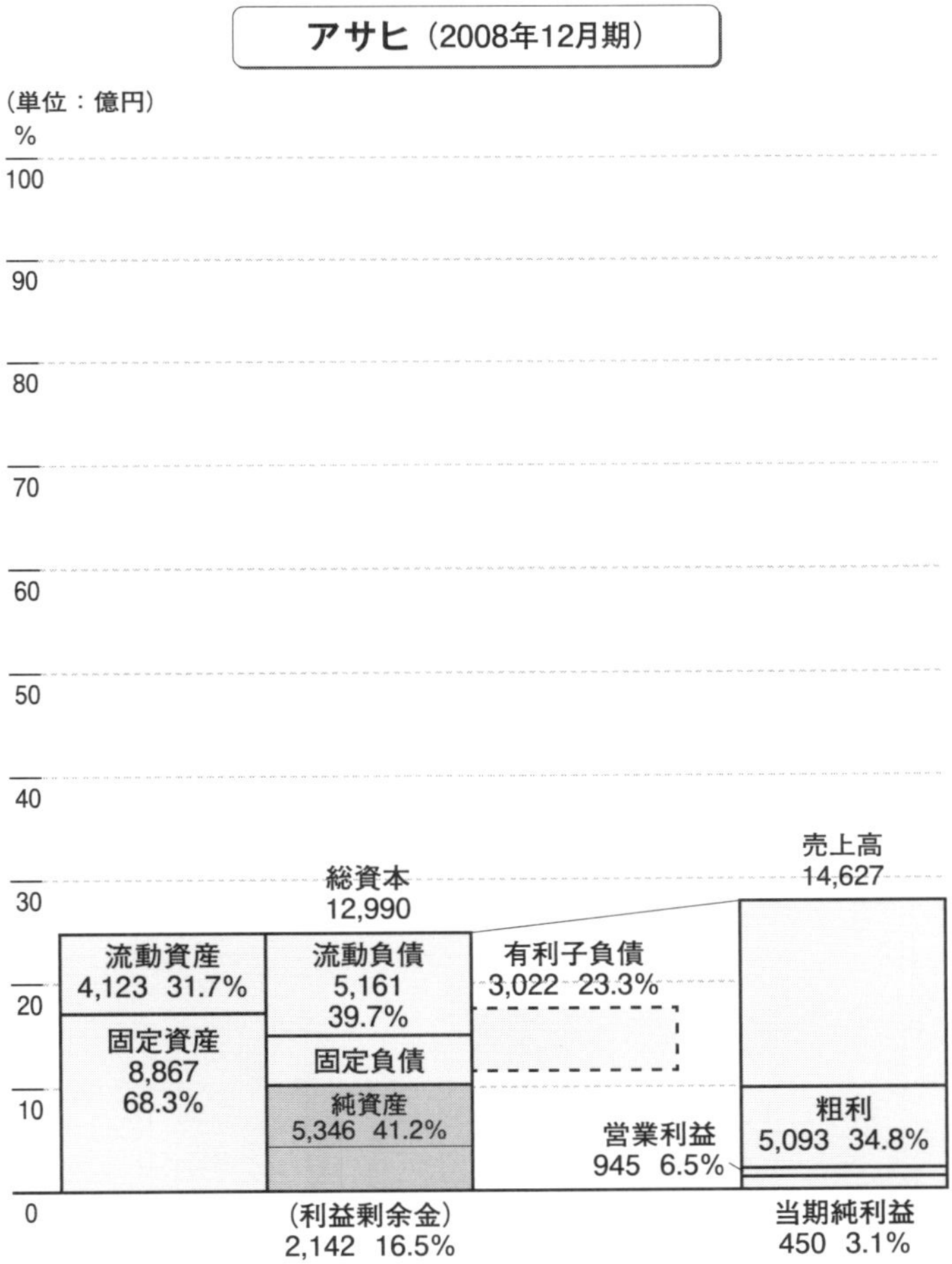

キリン（2023年12月期）

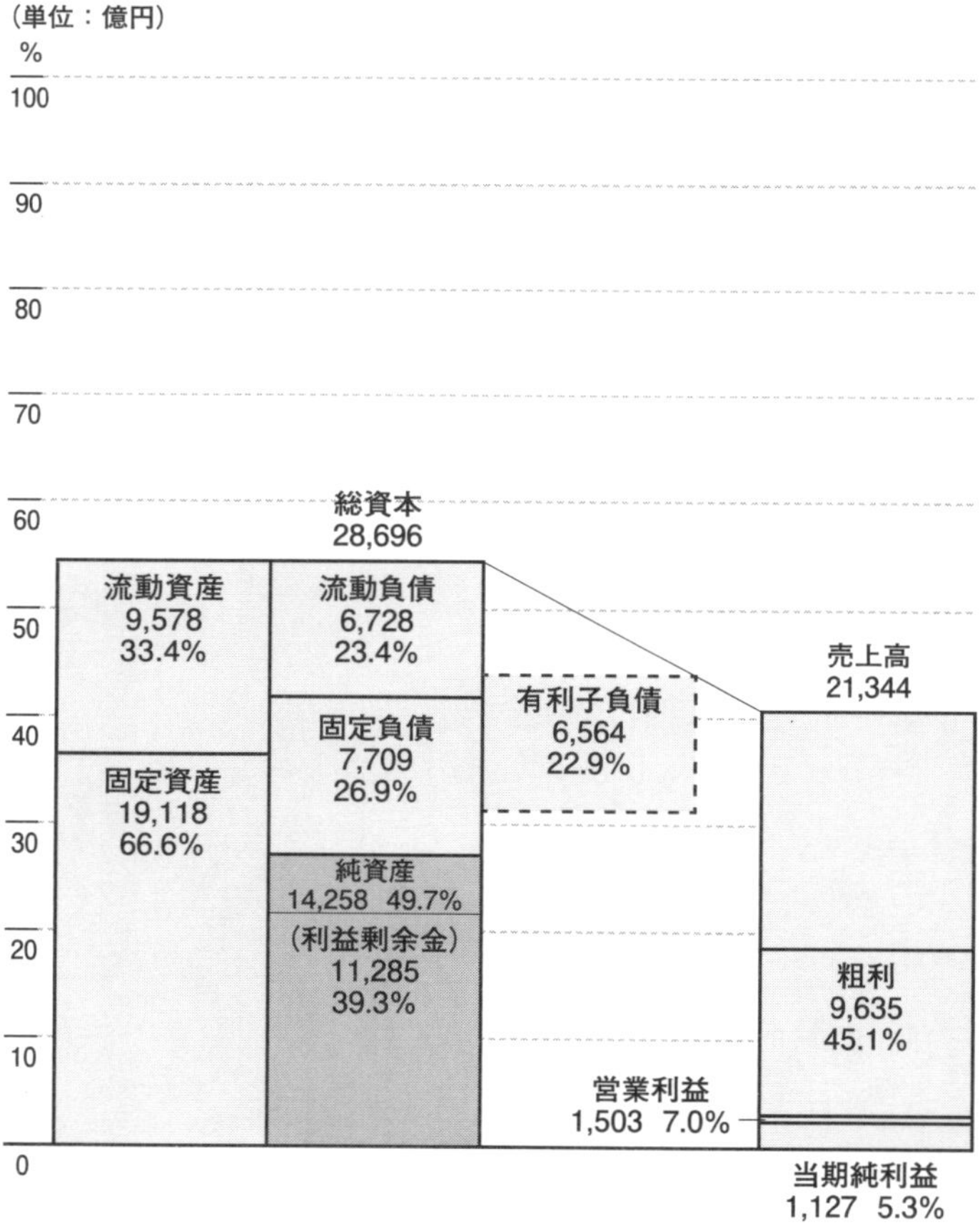

図表3-7　アサヒとキリンの2023年12月期のPLとBS

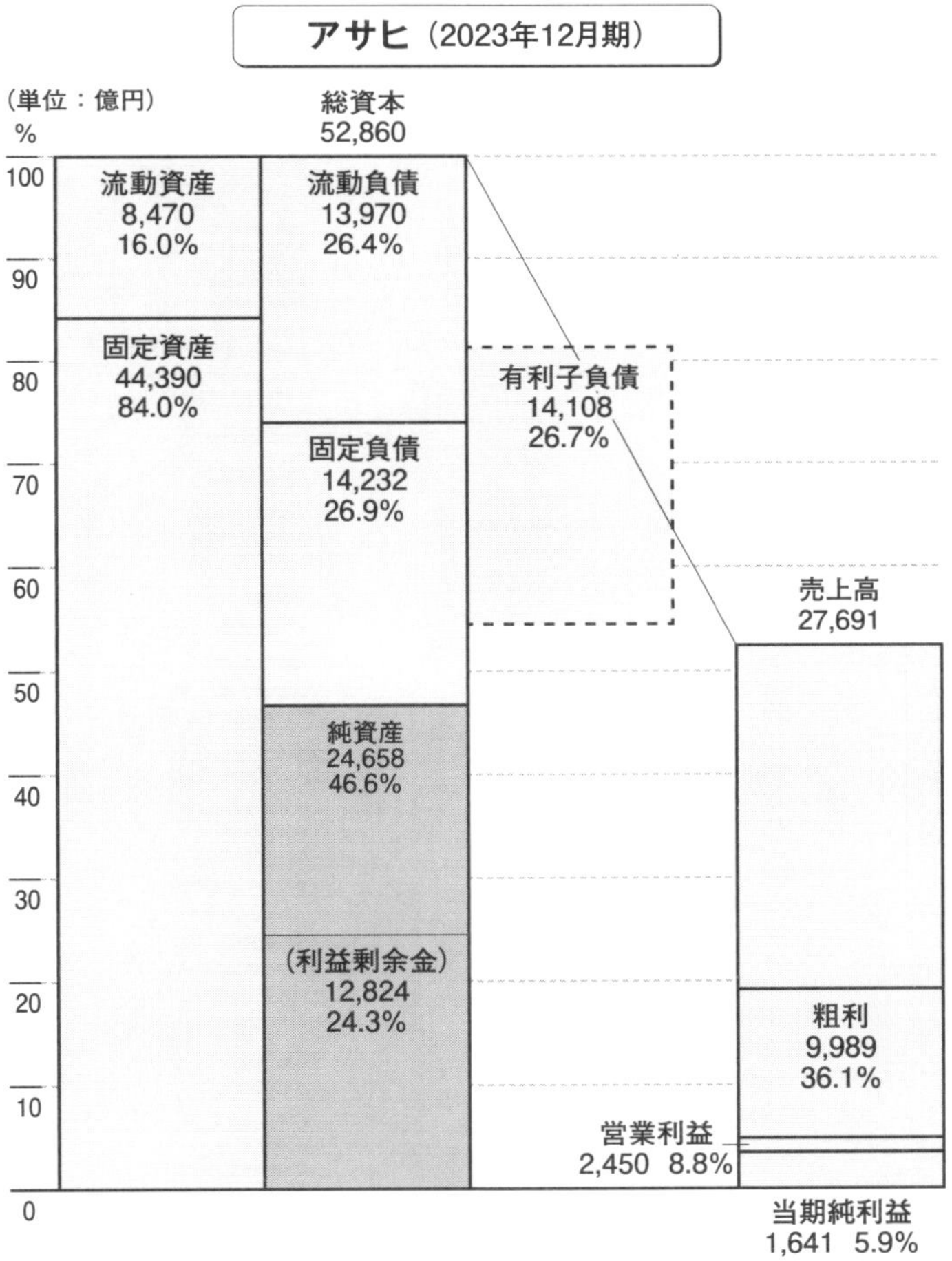

リー、スロバキア、ルーマニア）のビール事業を買収し、そして２０２０年にはオーストラリア最大手のビール会社を買収しました。これらの買収により、アサヒの事業規模はグローバルに大きく拡大したのです。

アサヒとキリンの例を紹介したのは、Ｍ＆Ａ拡大戦略を推奨するためではありません。過去には、日本企業が海外で行った大型のＭ＆Ａが、その後失敗に終わった例もたくさんありました。Ｍ＆Ａ拡大戦略が良いとか悪いといった話ではありません。

ただ、言えることは、経営陣のある時点の意思決定が、企業の未来の姿を変えていくということです。

次はＣＳを見てみましょう。図表３－８はAMAZON.COM,INC.（以下「アマゾン」）・トヨタ自動車株式会社（以下「トヨタ」）・ＩＢＭ（正しい会社名はINTERNATIONAL BUSINESS MACHINES CORPORATION、以下「ＩＢＭ」）のＣＳの推移です。

キャッシュの使い方としてはアマゾンとトヨタはよく似ています。それは、稼ぎ出した今日のキャッシュのかなりの額を将来の投資に向けているということです。

まずは、トヨタのＣＳの５年計のところを見てください。営業キャッシュフロー１７２０１９億円の約９割にあたる１５０１０３億円を投資に向けています。これが長期ビジョ

図表3-8　アマゾン・トヨタ・IBMのCSの推移

アマゾン

（単位：百万ドル）

	2019年12月期	2020年12月期	2021年12月期	2022年12月期	2023年12月期	5年計
営業CF	38,514	66,064	46,327	46,752	84,946	282,603
投資CF	△ 24,281	△ 59,611	△ 58,154	△ 37,601	△ 49,833	△ 229,480
財務CF	△ 10,066	△ 1,104	6,291	9,718	△ 15,879	△ 11,040

トヨタ

（単位：億円）

	2020年3月期	2021年3月期	2022年3月期	2023年3月期	2024年3月期	5年計
営業CF	35,906	27,272	37,226	29,551	42,064	172,019
投資CF	△ 31,509	△ 46,842	△ 5,775	△ 15,989	△ 49,988	△ 150,103
財務CF	3,971	27,392	△ 24,665	△ 562	24,976	31,112

IBM

（単位：百万ドル）

	2014年12月期	2015年12月期	2016年12月期	2017年12月期	2018年12月期	5年計
営業CF	16,868	17,008	17,084	16,724	15,247	82,931
投資CF	△ 3,001	△ 8,159	△ 10,976	△ 7,096	△ 4,913	△ 34,145
財務CF	△ 15,452	△ 9,166	△ 5,917	△ 6,418	△ 10,469	△ 47,422

ンで経営している日本の伝統的な優良企業のキャッシュの使い方です。特に製造業は最新の設備を導入し続けない限り競争優位性を維持できません。

しかし、読者のみなさんは「そんなことはどこの企業もやっていることだろう」と思われるかもしれません。しかし、現実はそうでもないのです。

IBMのCSの5年計のところを見てください。稼ぎ出した営業キャッシュフロー82931百万ドルの約6割にあたる47422百万ドルを財務キャッシュフローにあてています。この財務キャッシュフローの大半が、株主への配当と自己株式の取得です。

96ページで説明したように、自己株式を取得するとＲＯＥは上がり株価も上がります。つまり、稼ぎ出した営業キャッシュフローの約6割を株主のために使っているのです。欧米の企業は基本的に株主資本主義ですから、株主のために経営してるようなものなのです。

ＩＢＭが欧米流の優良企業のキャッシュの使い方、トヨタが日本流の伝統的な優良企業のキャッシュの使い方です。アマゾンは欧米の会社です。しかし、キャッシュの使い方はトヨタに似ています。キャッシュの使い方としては、アマゾンとトヨタはよく似ているのです。

お気づきになっているかもしれませんが、111ページの図表3－8はＩＢＭだけが古い2018年までのデータを使っています。なぜ2018年までのデータを使ったかと言えば、ＩＢＭは2019年に3兆円を超える額のお金を投資してクラウド関連の会社を買収しており、その数字を加えるとＩＢＭのキャッシュの使い方の傾向がよくわからなくなるからだったのです。

2019年のデータを加えたのが図表3－9です。ＩＢＭは2019年に例年とは全く

図表3-9　IBMのCSの推移（2019年12月期を追加したもの）

IBM

（単位：百万ドル）

	2015年12月期	2016年12月期	2017年12月期	2018年12月期	2019年12月期	5年計
営業CF	17,008	17,084	16,724	15,247	14,770	80,833
投資CF	△ 8,159	△ 10,976	△ 7,096	△ 4,913	△ 26,936	△ 58,080
財務CF	△ 9,166	△ 5,917	△ 6,418	△ 10,469	9,042	△ 22,928

額の異なる金額を投資にあてていることがわかります。これはクラウド関連の会社の買収のための投資キャッシュフローです。

このIBMが欧米流の企業経営の典型です。IBMは2004年に、“ThinkPad”の名前で知られていたコンピューター事業をレノボに売却して、プロダクトからソリューションへ大きく経営の舵《かじ》を切りました。そしてまた2019年に、クラウドの分野へ企業の方向性を大きく転換したのです。そこには間違いなく、経営陣の大きな意思決定がありました。

ドラッカーは「今日の企業そのものが過去における資源の投入の結果である[*72]」と言います。そうなのです。企業の未来は明日つくられるものではありません。今日の経営陣の意思決定が、企業の未来をつくるのです。

*72 『マネジメント　課題、責任、実践』P・F・ドラッカー著、上田惇生訳、（ダイヤモンド社）の第7章

第4章

未来を今日つくる

(1)未来への責任と事業に関する「3つの問い」

第3章では、財務諸表を通して主にスバル・アサヒ・IBMの大きな変化を見てきました。どの会社も経営陣がどこかで大きな意思決定をして、会社の未来を変えていったのです。何度も繰り返しますが、企業には次の「3つの役割」があると言いました。

1. 組織の目的と使命を果たす
2. 生産性をあげる
3. 社会的責任を果たす

ただ、この「3つの役割」に加えて、経営にはもう一つの重要な側面があるとして、ドラッカーは次のように言います。「マネジメントは、常に現在と未来、短期と長期を見ていかなければならない。組織の存続と健全さを犠牲にして、目先の利益を手にすることに価値はない。逆に、壮大な未来を手に入れようとして危機を招くことは、無責任である」*73

担当者は基本的に今日の仕事を担ってくれています。明日のことを考え、今日と明日のバランスをとっていくのはマネジメントの仕事です。

ドラッカーは自社の事業に関して次の3つを問えと言います。[*74]

1. 自社の事業は何か
2. 自社の将来の事業は何か
3. 何をこれからの事業にすべきだろうか

32ページで述べたように、「自社の事業は何か」という問いに答えを出すことは極めて重要です。それは、それぞれの組織が自社の具体的な目的と使命を明らかにすることです。

ドラッカーは「『自社の事業は何か』という問いの答えを導くのは、経営トップが真っ先に果たすべき責務である[*75]」と言います。

さらにドラッカーは、「すべての階層に、優れた知識や技能を持つ人材が大勢揃っている。（中略）彼らは、正規の組織形態がどうであれ、必然的にリスクを伴う判断、つまりは事業

*73 『マネジメント　課題、責任、実践』P・F・ドラッカー著、上田惇生訳、（ダイヤモンド社）の第4章
*74、75 『マネジメント　務め、責任、実践』P・F・ドラッカー著、有賀裕子訳、（日経BP社）の第7章

判断を下す。（中略）組織の全員が共通のビジョンと認識を持ち、足並みを揃えて努力するためには、『自社の事業は何か、何を事業にすべきか』を決めることが欠かせない」[*76]と言うのです。

しかし同時に、この問いに答えを出すのは極めて難しいことでもあります。ドラッカーも次のように言います。「『自社の事業は何か』はほぼ例外なく難問であり、たいていの場合、答えは決して明らかではない。（中略）この問いを持ち出すと必ず、ほかならぬ経営層内部の溝や意見の違いがあぶり出される。何年ものあいだ手を携《たずさ》えて仕事をしてきて、互いの考えを理解していると信じていたのに、あるとき突然、同床異夢だったと気づかされ、愕然とするのである[*77]」

逆に、「自社の事業は何か」という問いは、あまりにも自明であまりにも単純だと思われるかもしれません。「自社の事業は何か」と問われれば、石炭会社は「石炭を生産販売している」と答え、鉄道会社は「人や物を運ぶ列車を走らせている」と答えるでしょう。

しかし実は、顧客が購入しているのは商品やサービスそのものではなく、商品やサービスによって顧客にもたらされる実利なのです。ドラッカーはこれを「効用[*78]」と呼んでいます。

例えば、顧客は石炭会社から部屋を暖かくするための燃料を買っているに過ぎず、部屋が快適で安価に暖かくなるのであれば石炭でなくてもよいのです。同様に、顧客は鉄道会社から自分が行きたいところに行くための移動手段を買っているに過ぎず、自分が行きたいところへ快適で安全にかつ迅速で安価に移動できるのであれば鉄道サービスでなくてもよいのです。

「自社の事業は何か」という問いの本質は、商品やサービスによって顧客が満足している欲求の中で、「何が最も重要であり、何が最も将来性があるか[*79]」ということを考えなければならないということなのです。

ドラッカーはアメリカの石炭産業や鉄道会社が「自社の事業は何か」ということを自明のものとせずに真剣に考えていたならば、「わずか一世代の間に転落するなどということもなくすんだに違いない[*80]」と言います。

1番目の「自社の事業は何か」という問いに関して、ドラッカーは「事業が何であるかを決めるのは、生産者ではなく顧客である。社名や定款ではない。顧客が製品やサービス

＊76、77 『マネジメント　務め、責任、実践』P・F・ドラッカー著、有賀裕子訳、（日経BP社）の第7章
＊78 『マネジメント　務め、責任、実践』P・F・ドラッカー著、有賀裕子訳、（日経BP社）の第6章。原書では"utility"です。
＊79、80 『［新訳］現代の経営』P・F・ドラッカー著、上田惇生訳、（ダイヤモンド社）の第6章

を購入して満足させる欲求が何であるかが、事業が何であるかを決める[*81]」と言います。

ということは、この1番目の問い の「自社の事業は何か」に答えるためには、自社の「顧客はだれか[*82]」をまず明確にしなければなりません。第3章で説明したスバルもマツダも自社の顧客を明確にしています。

次に、「顧客はだれか」と同時に極めて重要な問いが「顧客は何を価値あるものと考えるか[*83]」です。スバルもマツダも自社の顧客を明確にしたうえで、特定した顧客にとっての価値を徹底的に追求しています。

1番目の「自社の事業は何か」という問いは、もちろん将来の事業の姿にも影響を与えます。ただ、基本的には現在の事業についての問いです。経営陣は未来の事業についても考える必要があります。事業に関するドラッカーの2番目の問いは「自社の将来の事業は何か」です。

この問いに答えるには、次の2つのこと[*84]を考えておく必要があります。

1．市場の可能性とトレンド

2．現状の製品やサービスでは満たされていないものは何か部品メーカーや素材メーカーは顧客を絞り込むのが難しい場合があります。ただ、「市場の可能性とトレンド」は顧客企業によって違いがあります。ある部品メーカーは、数ある顧客企業の中から、成長の可能性が極めて高かったスマホ業界にいち早く経営資源をシフトさせることによって成功しました。

次の「現状の製品やサービスでは満たされていないものは何か」という問いを考え続ける企業かどうかが、ただ単に波に乗るだけの企業と成長し続ける企業とを分けることになり、「波に乗っているだけの企業は、波とともに衰退する」[*85]ことになるのです。

事業に関するドラッカーの3番目の問いの「何をこれからの事業にすべきだろうか」は、2番目の「自社の将来の事業は何か」という問いとは種類の異なるものです。2番目の問いは現在の事業の延長線上の問いですが、3番目の問いは事業領域の線引きのし直しのための問いです。つまり、「われわれは正しい事業にいるか、事業を変えるべきか」[*86]を問う

＊81、82、83『[新訳] 現代の経営』P・F・ドラッカー著、上田惇生訳、(ダイヤモンド社)の第6章
＊84『マネジメント　務め、責任、実践』P・F・ドラッカー著、有賀裕子訳、(日経BP社)の第7章
＊85『マネジメント　課題、責任、実践』P・F・ドラッカー著、上田惇生訳、(ダイヤモンド社)の第7章
＊86『[新訳] 現代の経営』P・F・ドラッカー著、上田惇生訳、(ダイヤモンド社)の第6章

ためのものなのです。

もちろん、意図してではなく、偶然によって新しい事業に参入する場合が多いのも事実です。私の顧問先の企業を見ると、偶然によって新しい事業が生み出された場合の方が多いように思えます。ただ、新しい事業へ参入するかどうかの決定は経営陣が行わなければなりません。

「何をこれからの事業にすべきだろうか」という問いに答えるには、当然ながら新しい事業の創造について考えなければなりません。ドラッカーの未来創造の方法論については、この後詳しく説明していきます。

ただ、ドラッカーは、「新事業への参入の開始と同じように重要なこととして、事業の目的とミッションに合わなくなったもの、顧客に満足を与えなくなったもの、業績に貢献しなくなったものの体系的な廃棄[*87]」が重要であると言います。

つまり、「何をこれからの事業にすべきだろうか」の検討の出発点は、「『どの新規事業に参入すべきか』ではなく、『既存の製品ラインや事業のうち、撤退すべきものはどれか』『重点分野から外して縮小すべきものはどれか[*88]』」なのです。

限られた資源の中で何かを得ようとすれば、まず捨てることから始めなくてはなりません。「何かいいものが出てきたらそちらに移行しよう」というような態度では、新しいものは生み出せないのです。

(2)すでに起こった未来を先取りして手を打つ

「何かを得ようとすれば、まず捨てることから始めなくてはならない」というのは一つの真理だと思います。しかし、「何かを捨てたら、必ず何かが得られる」というわけでもありません。では、新しい事業をつくり出していくにはどうすればよいのでしょうか。

新しい事業を考える際に必ずといっていいほどよく出てくるのがSWOT分析ではないかと思います。自社の強み(Strength)と弱み(Weakness)、そして外部環境の機会(Opportunity)と脅威(Threat)を分析し、未来の進むべき道を定めていくというものであり、戦略論の一つの基本となるものです。

ただ私は、このSWOT分析だけで新しい事業を創造するのは難しいのではないかと思っ

＊87 『マネジメント 課題、責任、実践』P・F・ドラッカー著、上田惇生訳、(ダイヤモンド社)の第7章
＊88 『マネジメント 務め、責任、実践』P・F・ドラッカー著、有賀裕子訳、(日経BP社)の第7章

ています。私はサラリーマン時代も独立してからも、何度もＳＷＯＴ分析をしたことがあります。サラリーマン時代には外部のコンサルタントも入れて、膨大な時間をかけてＳＷＯＴ分析を行いました。しかし、私の経験では、ＳＷＯＴ分析で新しい事業が創造されたことはありませんでした。

分析を否定するわけではありません。何かを検討しようと思えば、まずは分析から始めるのが基本です。後ほど説明しますが、ドラッカーも新しい事業をつくりだすためにまず行うべきことは今日の仕事の分析だと言います。ただ、机の上だけで行う分析には限界があるのもまた事実です。

一つ目の限界は、手段が目的になることです。そもそもＳＷＯＴ分析は新しい事業を創造するための手段にしか過ぎません。そして、新しい事業を創造するうえで難しいのは、分析よりもその次の実行のフェーズです。

何か新しいものを生み出したことがある人なら知っていることですが、机の上で考えたことは、現場に出れば第一歩目から想定とは違ったことが起こります。現場に出て新しいことを実践すれば、想定外の難しい課題に直面し続けることになります。ただ、そうした実践を通しての失敗や成功の中から、新しい気づきや出会いが生まれ、それらの新しい気づきや出会いがしだいにつながっていって、当初に想定したものとはかなり違った形になって何かが成就するというのが、新しいものが生まれるということの一般的なパターンです。

新しい事業を創造することは簡単なことではありません。だれもが、成功の保証のない実行フェーズの困難さを感じるので、手段を目的にしてしまって、ＳＷＯＴ分析を行うことだけで終わりにしているのかもしれません。しかし、当然のことながら、「起こしたい未来を起こすためには、行動しなければならない」[*89]のです。

二つ目の限界は、ＳＷＯＴ分析から出てきた事業アイデアは差別化されにくいということです。

一つだけ実例を挙げておきたいと思います。私は、約20年前の独立後間もないころ、ある大手食品会社の顧問をしていたことがありました。

食品業界において１９９０年代に市場が爆発的に拡大したものの一つに、電子レンジで温めてすぐにご飯が食べられる「パックご飯」がありました。そして、１９９０年代後半にはこの「パックご飯」用の製造装置を作れる機械メーカーがありました。

＊89　『［新訳］創造する経営者』P・F・ドラッカー著、上田惇生訳、（ダイヤモンド社）の第11章

大手食品会社の経営企画部門が何を考えるか。市場が急拡大しているのが「パックご飯」で、それ用の製造装置を作る機械メーカーがあり、お金さえ払えばリスクフリーで製造設備が手に入る。さらに自社には強いブランドがあり流通網がある。これはもう「やるしかないでしょ」ということになります。

実際に、1990年代から2000年代の初頭にかけて、多くの食品会社がこの「パックご飯」の市場に参入しました。何が起こったか。値崩れです。私が顧問をしていた食品会社も、この「パックご飯」の事業では長い間利益をあげることができませんでした。

同じような企業が、同じようにSWOT分析を行うと、同じような結論が出てくるのです。つまり、分析から出てきた戦略は、他社と同じものになりやすいのです。戦略の要諦は差別化です。差別化されない戦略は有効な戦略にはならないのです。

では、ドラッカーは未来創造についてどのように考えていたのでしょうか。ドラッカーの未来創造の方法論は大きく次の3つに分けられます。

1．すでに起こった未来を先取りして手を打つ

2．予測できないことを起こさせる

3．変化を機会として利用する

1番目の「すでに起こった未来を先取りして手を打つ」から説明していきましょう。ドラッカーは、私たち人類は未来について次の2つのこと[*90]しか知らないと言います。

1．未来を知ることはできない。
2．未来は、今日存在しているものや、今日予測しているものとは違う。

しかし、同時にドラッカーは、この2つの公理は次のような極めて重大な2つの意味[*91]を持つと言います。

1．今日の行動の基礎に、未来に発生する事象の予測を据えても無駄である。せいぜい望みうることは、すでに発生してしまった事象の未来における影響を見通すことだ

*90、91 『[新訳]創造する経営者』P・F・ドラッカー著、上田惇生訳、(ダイヤモンド社)の第11章

けである。（傍点著者）

2. 未来は今日とは違うものであり、かつ予測のできないものであるがゆえに、逆に予測せざることや予期せざることを起こさせることが可能である。

私は、ドラッカーが極めて重大な意味を持つという右の2つの内の1番目の文章を読んで、そもそも「予測」と「見通す」は何が違うのだろうかと思いました。しかし、原書に戻ってこの2つの単語を比較すると意味合いは全く異なるものでした。

「予測」は原書では"prediction"で、「見通す」は"anticipate"です。"prediction"はpre（before）+diction（declare）ですから「先に言う」、"anticipate"はanti（before）+cipate（capture）ですから「先に取る」ということです。

つまり、未来のことを先に言うことはできないが、すでに起こっていることを先取りして手を打つことは可能だということなのです。

そしてドラッカーは、次の4つの領域から「すでに起こった未来」を探せと言います。*92

1. 人口

2．知識
3．他の産業、他の国、他の市場
4．産業構造

まずは「人口」です。予測できない未来の中で、人口の変化だけはかなり正確に見通すことができます。もちろん、日本の15年後の出生率を予測することは簡単ではありません。しかし、15年後に日本の生産年齢人口（15歳から64歳）の人口構成がどうなっているかは、戦争や天変地異でもない限りかなり正確に見通せます。

団塊世代が２０２２年頃から75歳を迎え後期高齢者人口が増えていくことはとうの昔からわかっていました。地方で農業を担っているのは主に高齢者ですが、これからその数が急速に減っていくのも明白です。

日本の人口減少や少子高齢化はすでに起こった未来です。そのことによって労働人口が不足していきます。特に介護・物流・建設・飲食・宿泊といった業界では、人材不足とい

＊92 『［新訳］創造する経営者』P・F・ドラッカー著、上田惇生訳、（ダイヤモンド社）の第11章

う課題に直面することは明らかです。未婚化や晩婚化も進んでいます。共働き世帯の増加や60歳以上の雇用延長による労働人口の多様化ということもあります。人口の変化には人間の行動や考え方の変化も含まれます。そういう意味では、就業形態も変化してきています。転職や副業が当たり前の時代になりました。

このような「すでに起こった未来」を先取りして手を打つことにより、新しい事業を生み出すことはだれにでもできます。

2つ目の領域は「知識」です。AIや生成AIが今後多くの分野で活用されていくことは間違いないでしょう。電気自動車や自動運転も多少の揺り戻しはあるにしてもすでに起こった未来です。電気自動車は部品点数が少ないですから新規参入が増えるでしょう。すでに他の産業から自動車産業への参入を表明している会社もあります。

AI・生成AI・電気自動車・自動運転などの例を挙げましたが、各産業において技術の進歩があり、新しい知識が生まれてきています。

3つ目の領域は「他の産業、他の国、他の市場」です。ドラッカーは、この領域こそが日本人が得意とする領域だとして次のように言います。日本人は「外国の思想や技術や制度を取り入れ、それを古い日本の基盤の上に再構築することによって、新しい日本をつくりだしたのです」[*93]。

日本人は漢字を取り入れ「ひらがな」にして使いました。明治維新によって日本は西洋化したと言われますが、明治維新後に日本でなされたことは、実は西洋の日本化でした。渋沢栄一が使った未来創造の方法論がまさにこれでした。渋沢栄一はすでに欧米にあった「カンパニー」という制度を日本に導入しました。しかし、それは欧米の「カンパニー」という制度をそのまま導入したのではなく、江戸時代の藩の文化を基盤にして導入しました。

少なくとも昭和の時代までの日本の企業は、江戸時代の藩と同じような運命共同体的な組織風土でした。その組織運営も、社長がすべてを決定するのではなく、優秀なミドルマネジャーが将来の方向性を実質的に決めていました。江戸時代の藩主と家老以下優秀な家来たちとの関係に似た運営スタイルです。

近代の例でいえばコンビニやホームセンターなどがあります。コンビニもホームセンターも元々はアメリカにあった流通形態です。例えば、セブン-イレブンは元々米国の小売業です。それを日本のセブン&アイ（当時のイトーヨーカドー）が導入し、日本に合うように

＊93 『ＮＨＫスペシャル　明治1　変革を導いた人間力』ＮＨＫ「明治」プロジェクト編著、（ＮＨＫ出版）の第一章

改善・改良・革新し、本家本元よりはるかに質の高い流通業にしました。

ドラッカーは「あなた方日本人は、自分たちが必要とするものを取り入れて日本の制度に合うようにつくりかえてしまうという点で、天才だと思います[*94]」と言います。

他の国や他の産業の方が進んでいる例はたくさんあります。行政サービスのIT化は日本より韓国の方が進んでいます。また、トヨタ自動車がさかんに行っている、マツダやスバルなどの同業他社との連携で新しいものを創造するという手法は、他の産業でも応用できると思います。

「他の産業、他の国、他の市場」でうまくいっていることを活用するというのは、リスクが低く成功確率の高い未来創造の方法です。

４つ目の領域は「産業構造」です。ドラッカーは次のように言います。「産業の構造変化は、その産業の外にいる者に対して、きわめて稀《まれ》ともいうべき大きな機会を与えてくれる。（中略）それらの変化や機会は、産業の内にいる者の目には、脅威として映るだけである。外部の者にとってのイノベーションのチャンスが、ここにある[*95]」

現代は、インターネットとデジタル化による第４次産業革命の時代だと言われることがあります。スマートフォンという小さな情報端末が、音楽業界・出版業界・カーナビ業界などの産業構造を大きく変えました。これら音楽業界・出版業界・カーナビ業界の中にいる人たちにとっては脅威だったでしょう。しかし、この変化の中でたくさんの新しい事業が生まれたのもまた事実です。

以上のように、「人口」「知識」「他の産業、他の国、他の市場」「産業構造」を見れば、「すでに起こった未来」はいたるところで発見できます。そして、「すでに起こった未来」を先取りして手を打つことはだれにでもできるのです。

(3)予測できないことを起こさせる

未来創造の方法論の2番目の「予測できないことを起こさせる」は、128ページで説明した、ドラッカーが重要な意味を持つと言った「未来は今日とは違うものであり、かつ予測のできないものであるがゆえに、逆に予測せざることや予期せざることを起こさせる

＊94　『NHKスペシャル　明治1　変革を導いた人間力』NHK「明治」プロジェクト編著、(NHK出版)の第六章
＊95　『イノベーションと企業家精神』P・F・ドラッカー著、小林宏治監訳、上田惇生＋佐々木実智男訳、(ダイヤモンド社)の6章

ことが可能である」ということに関する未来創造の方法論です。

ビジネスの世界において「予測せざることや予期せざることを起こさせる」ということを、ドラッカーの言葉を使って言えば「未来において何かを起こすということは、新しい事業をつくり出すことである。すなわち、新しい経済、新しい技術、新しい社会についてのビジョンを事業として実現するということである[96]」ということです。

ちなみに、右の引用文の中の「ビジョン」は『[新訳]創造する経営者』(ダイヤモンド社)では「構想」と訳されています。原書の単語は“idea”です。

私たち人間は予測できないことや予期できないことを自ら起こすことができます。それは、自らのビジョンであり構想でありアイデアを、事業として実現させることです。

アップルのスティーブ・ジョブズもアマゾンのジェフ・ベゾスも、彼らのビジョンであり構想でありアイデアを、事業として実現させたのです。

ドラッカーは、アイデアを事業として実現させた例をいくつかの種類に分けて挙げています[97]。ドラッカーが挙げた例の一部を、現代の類似した例と共に紹介しておきます。

1つ目は、狭い領域についてのアイデアこそが活力の源泉であるとして、アメリカの百貨店シアーズが農民を顧客にした例を挙げています。現代の例で言えば、狭い空きスペースを駐車場として利用した例が似ていると思います。

狭い空きスペースは昔から利用価値がありませんでした。駐車場として利用しようとしても、管理人を一人置けば採算があいませんでした。それが、自動ストッパーと自動支払機によって利用価値が生まれました。

これら2つの例に共通することは、「未来の社会はどうあるべきか」といった社会改革家や哲学者の問いではなく、狭い領域についてのアイデアが起業家としての活力の源泉となり、それが結果的に社会を変えるようなビジネスになったことです。

2つ目は、理論上の仮定を現実の事業に転換した例として、社会思想家サン＝シモンの「資本の創造的役割を中心とした哲学的なシステム構想」を、サン＝シモンの弟子が株式投資銀行の設立によって実現した例を挙げています。

現代の例で言えば、ブロックチェーンという技術を使ったビットコインなどの仮想通貨の例が似ていると思います。ただ、このようなことができるのは限られた人かもしれません。

3つ目は、高度なアイデアを使ったものではなく、はるかに簡単なアイデアが事業になっ

＊96 『創造する経営者』P・F・ドラッカー著、上田惇生訳、(ダイヤモンド社)の第11章
＊97 『[新訳]創造する経営者』P・F・ドラッカー著、上田惇生訳、(ダイヤモンド社)の第11章

た例として、17世紀の日本の三井家が、生産者の代理販売ではなく、自社の仕様での標準品販売を始めた例を挙げています。

現代の例で言えば、宿泊予約サイトの一休.comの創業の例がこの種類に入ると思います。一休.comの創業者は、新宿のホテルの窓に明かりがついているのが少ないのを見て、これは究極の在庫だと思ったことが、一休.comの始まりだったようです。

ただ、ビジョン・構想・アイデアがあれば必ず新しい事業が生まれるというわけではありません。ビジョン・構想・アイデアによる未来創造の方法論にはどうしてもリスクが伴います。

ドラッカーは次のように言います。「いかなるビジョンも、万事が順調というわけにはいかない。(中略)それが実現したときどのような姿になるかは誰にもわからない。リスクを伴う。成功するかもしれないが失敗するかもしれない。(中略)ビジョンに対する全人的な献身と信念がないかぎり、必要な努力も持続するはずはない」*98。ちなみに、右の引用文の中の「全人的な献身」は原書では〝personal commitment〟です。

また、ドラッカーは次のようにも言います。「新しいものには、それに惚れ込んだ人間のコミットが必要だ」*99

ドラッカーの本を読むと〝commitment〟という言葉が頻繁に出てきます。77ページの注のところでも、いくつかの言葉が原文では〝commitments〟であることを説明しました。〝commitment〟は一般的に「献身」とか「誓約」とかと訳されますが、もともとはあることへの「深い関与」を意味する言葉です。ドラッカーは「コミットメントなしに物事がうまくいったという例を知らない」[*100]とまで言います。

何をするにしても、成果をあげるには対象となることに深く関与し続けなければなりません。特に、リスクが高いアイデアにもとづく未来創造には、アイデアだけでなく、そのアイデアに対する深い関与、つまりコミットメントが不可欠なのです。

(4)イノベーションの機会を探す「7つの領域」

未来創造の方法論の3番目は「変化を機会として利用する」ということです。

＊98 『創造する経営者』P・F・ドラッカー著、上田惇生訳、(ダイヤモンド社)の第11章
＊99 『非営利組織の経営』P・F・ドラッカー著、上田惇生訳、(ダイヤモンド社)の第Ⅰ部の第2章
＊100 『非営利組織の経営』P・F・ドラッカー著、上田惇生訳、(ダイヤモンド社)の第Ⅰ部の第1章

ドラッカーの経営に関する考え方はほぼ一貫しています。ただ、途中から大きく変わったものが一つだけあります。それはイノベーションに関する考え方です。

ドラッカーはイノベーションにはアイデアが必要だとさかんに言っていました。しかし、1985年に出版された『イノベーションと企業家精神』(ダイヤモンド社)から急に、「『アイデア』にもとづくイノベーションには手を染めないほうが賢明である」[*101]と言い出しました。

それは、アイデアにもとづくイノベーションの成功確率が極めて低いからでした。ドラッカーは次のように言います。「『アイデア』にもとづくイノベーションはきわめて数が多く、他の種のイノベーションを全部合わせたものよりもさらに多い。例えば、一〇の特許のうち七つか八つは、この種のものである。(中略)しかし『アイデア』は、イノベーションの種としては最もリスクが大きく、成功する確率が最も低い。悲惨な失敗に終わることもきわめて多い。『アイデア』にもとづくイノベーションによって特許を取得しても、その開発費、特許料に見合うだけの収入が得られることは、一〇〇に一つもない。使った費用を上回る金を稼げるのは、おそらく五〇〇に一つくらいのものである」[*102]

テレビ番組などで成功したベンチャー企業の事例を見ると、ちょっとしたアイデアが起点になったものが多いと感じます。ベンチャービジネスにおいても、ドラッカーが言うように、アイデアにもとづくものが大半なのでしょう。なので、ちょっとしたアイデアさえ思いつけば、自分もベンチャーで成功できると思うかもしれません。

しかし、その裏には、成功しているベンチャー企業の数をはるかに上回る、テレビにも放映されないおびただしい数の成功しなかったベンチャー企業が存在しているという現実を忘れてはならないと思います。

ドラッカーがアイデアにもとづくイノベーションを勧めなくなったもう一つの理由は、天才的なひらめきによるイノベーションは、真似をすることも教えることも学び取ることもできないからでした。[*103]

ドラッカーは次のように言います。「『アイデア』にもとづくイノベーションに成功した人物を取り上げて、いかなる個性、行動様式、性癖が成功をもたらしたかを明らかにしようという試みも、うまくいっていない」[*104]

アップルのスティーブ・ジョブズやアマゾンのジェフ・ベゾスをいくら研究しても、彼

＊101、102、104 『イノベーションと企業家精神』P・F・ドラッカー著、小林宏治監訳、上田惇生＋佐々木実智男訳、（ダイヤモンド社）の10章

＊103 『イノベーションと企業家精神』P・F・ドラッカー著、小林宏治監訳、上田惇生＋佐々木実智男訳、（ダイヤモンド社）の11章

らと同じようにはできないのです。

ドラッカーは、当時の1000件にのぼるイノベーションの事例を分析し、「成功したイノベーションのほとんどは、きわめて平凡である。それらは、変化を利用したにすぎない」[*105]としたうえで、次の「7つの領域[*106]」からイノベーションの機会を探せと言いました。そして、これら「7つの領域」はイノベーションを起こすうえで、信頼性と確実性の高い順に並べられていると言います。

1. 予期せざるもの
2. 調和せざるもの
3. プロセス・ニーズ
4. 産業と市場の構造変化
5. 人口構成の変化
6. 認識の変化
7. 新しい知識

1番目の「予期せざるもの」に関して、ドラッカーは次のように言います。「予期せざるものがイノベーションの機会であるということは、まさに予期せざるものが、通念や確信を打破してくれるからである」[*107]

ドラッカーは、多くの経営陣が「予期せざるもの」をイノベーションの機会として活用できていないが、「予期せざるもの」の裏には最も信頼性と確実性の高いイノベーションの機会が存在すると言い、いくつかの事例を挙げています。

ドラッカーは鉄鋼業の例を挙げています[*108]。私も鉄鋼業出身なのでよくわかります。アメリカの鉄鋼業界では、鉄くずを電気炉で溶かすことから始まる比較的小規模なミニミルと呼ばれる業態が躍進した時期がありました。ミニミルはその後自動車向けの高級鋼材を生産するようになったこともあり、この分野においては多くの技術革新が起こりました。

ところが、時代はそういう流れであったにもかかわらず、鉄鉱石を高炉で溶かすことか

*105、106 『イノベーションと企業家精神』P・F・ドラッカー著、小林宏治監訳、上田惇生+佐々木実智男訳、(ダイヤモンド社)の2章

*107、108 『イノベーションと企業家精神』P・F・ドラッカー著、小林宏治監訳、上田惇生+佐々木実智男訳、(ダイヤモンド社)の3章

ら始まる大規模な一貫製鉄所は、これまでやってきたことから離れられず、時代の流れに乗ることができませんでした。

コンピューター業界においても、メインフレームといわれる大型コンピューターを作っていた会社の多くが、パソコン事業への移行が遅れたのも同じような理由からでした。この飛躍的に需要が増大したパソコンの分野では、その後ソフト・ハード両面で多くのイノベーションが生まれました。

さらには、「予期せざる成功」だけでなく、慎重に計画し慎重に実施したものが失敗したという「予期せざる失敗」にも、変化が影響していることがあります。ドラッカーはフォードのエドセルという車の例を挙げています。*109

エドセルという車は、当時の自動車業界の常識であった「大衆」「中流の下」「中流の上」「上流」という市場分類の「中流の上」をターゲットとし、慎重に企画・設計され、巧みなマーケティングで売り出されましたが、発売と同時に失敗であることが明らかになりました。

フォードはこの失敗を受け、外に出て、見て、聞いて調査し、アメリカの市場に重大な変化が起こっていることに気がつきました。それは、「大衆」「中流の下」「中流の上」「上流」という市場分類だけでなく、ライフスタイルによる市場分類が必要になっているということでした。その後、フォードはこの新しい市場分類から、サンダーバードという車を世に出して大成功しました。

ドラッカーは次のように言います。「経営陣にとって、予期せざる成功を受け入れることが困難である原因は、人間誰しも、長期にわたって続いてきたものこそ、正常であり、永久に続くべきものであると考えてしまうところにある」[*110]。人間には固定観念がありますし、人間の認知限界はたかがしれているのです。

ドラッカーは、この「予期せざるもの」に関して次のように言います。「予期せざる成功や失敗はすべて、イノベーションの機会として真剣に取り上げ、分析しなければならない。しかし、単に分析するだけでは不十分である。外に出かけていき、よく見、よく聞くことが必要にして不可欠である。(中略)イノベーションとは、観念よりも知覚の活動である。(中略)『分析を行なえるほどにはまだわかっていない。だから調べよう。出かけていって、見て、質問して、聞いてくることにしよう』と言わなければならないということであ

＊109、110　『イノベーションと企業家精神』P・F・ドラッカー著、小林宏治監訳、上田惇生＋佐々木実智男訳、(ダイヤモンド社)の3章

る[111]」

予期せざる成功や失敗の裏には「消費者の価値観、期待、行動様式の基本的な変化[112]」があります。ドラッカーがイノベーションの機会を探す「7つの領域」の最初に「予期せざるもの」を持ってきたのは、まさにこの「予期せざるもの」によって、その裏にある「消費者の価値観、期待、行動様式の基本的な変化」を知覚しなさいということが言いたかったのだと思います。

ここで「知覚」という言葉について少し説明しておきたいと思います。ドラッカーの本を読むと、「知覚」という言葉が頻繁に出てきます。「知覚」は、原書では〝perception〟です。その動詞形の〝perceive〟は、「理解する」とか「気づく」と訳されますが、日本語感覚で言えば「悟る」とか「看破する」といった意味合いがある言葉です。

ドラッカーは次のように言います。「物理的な現象では、全体は部分から成り、かつ部分の合計に等しい。したがって、分析によって理解することが可能である。しかし、生物的な現象には、部分はなく、すべて『全体』である。部分を合計したところで全体とはならない[113]」

物理的な現象は、全体を部分に分解して分析することによって理解できます。しかし、人間や社会といった生物的な現象は、全体を部分に分解して分析しても理解できません。生物的な現象は、全体を全体として見つめ、その本質を"perceive"（気づき、悟り、看破）する必要があるのです。

例えば、本書の著者である私「國貞克則」という人間がどういう人間であるのか。私の体を分解しても私がどういう人間かはわかりません。体を分解してわかるのは、体の物理的な構造だけです。生きている人間としての私がどういう人間かは、発する言葉・行動パターン・醸《かも》し出す雰囲気などさまざまなものから、全体を全体としてその本質を知覚する必要があるのです。

話を元に戻しましょう。私は顧問先の会社に「御社の歴史の中でイノベーションが起こった事例を調べ、イノベーションが起こった要因を分析してみてください」という宿題を出すことがあります。

私の顧問先のある会社で、過去にイノベーションが起こった事例を調べてもらいました。

＊111、112『イノベーションと企業家精神』P・F・ドラッカー著、小林宏治監訳、上田惇生＋佐々木実智男訳、（ダイヤモンド社）の3章
＊113『新しい現実』P・F・ドラッカー著、上田惇生＋佐々木実智男訳、（ダイヤモンド社）の終章

その会社は化学材料の製造会社でした。

その昔、その会社の営業担当者が、その会社の顧客企業がこれまでの特性とは全く異なる化学材料を海外から少量輸入し始めたことに気づきました。実は、顧客企業のその動きの背景には、当時のパソコンやプリンターの爆発的な市場拡大という産業構造の変化に伴う顧客企業の大きな戦略転換がありました。

その顧問先はその予期せざる変化にいち早く気がついたことにより、新しい特性の化学材料を国内でいち早く開発し、その分野で莫大な利益を得ることになりました。

私のいくつかの顧問先で行ったイノベーションの調査によれば、多くのイノベーションが「予期せざるもの」をきっかけに起こっていました。ドラッカーの言うとおりでした。

みなさんも、みなさんの会社の過去のイノベーションの要因を分析してみてください。恐らくどの会社でも、「予期せざるもの」がイノベーションの要因になっていることが多いと思います。

次は、イノベーションの機会を探す「7つの領域」の2番目の「調和せざるもの」です。「調和せざるもの」とは「ギャップ」です。これに関しては、「需要との不調和」「通念との不調和」「消費者の価値観との不調和」などが説明されています。*114

「需要との不調和」は、まさに141ページで説明した鉄鋼業が好例です。先進国の鉄鋼生産は高炉から始まる大規模な一貫製鉄所が担ってきました。しかし、このスタイルは常に需要と供給にアンバランスがありました。鉄鋼会社は需要が増えると製鉄所建設に踏み切るわけですが、設備が大規模なだけに、その後生産能力に見合うだけの需要に達するまでは、低い稼働率で推移するのが常でした。

このような鉄鋼業界の課題の中で生まれてきたのが、電気炉から始まる比較的小規模なミニミルだったのです。つまり、需要との不調和があるところにイノベーションの機会があるのです。

「通念との不調和」とは、現実に対する認識の誤りです。私が地方でドラッカー研修を行っていたときに、「ゴルフ場にキャディを派遣して儲けている」という会社の人に会いました。私もゴルフをしますが、ゴルファーがキャディさんに期待するのは、グリーンまでの正確な距離を教えてくれたり、グリーンの芝目を読んでくれたりすることです。いろいろなゴルフ場にキャディを派遣するようなスタイルで、ゴルファーの期待に応えられるのだろう

＊114 『イノベーションと企業家精神』P・F・ドラッカー著、小林宏治監訳、上田惇生＋佐々木実智男訳、（ダイヤモンド社）の4章

かと思いました。

しかし、彼が言うことはまさに私の通念を打破するものでした。「ゴルフ人口の減少でゴルフ場ではコスト削減が進み、多くのゴルフ場でキャディがいなくなっている。しかし、いまでもキャディが必要な接待ゴルフは残っている」。ここまでの彼の話は、私も認識していることでした。

「ゴルフに接待される人の多くは社会的に地位の高い人たちです。そのような人たちは忖《そん》度《たく》ができるし場も読めます。キャディさんが一言『派遣キャディです』と言えば、彼らはグリーンまでの距離も芝目も期待できないことはすぐに理解してくれます。接待ゴルフでは、そんなことより使ったゴルフクラブをちゃんとゴルフバッグに戻してくれ、場を和《なご》ませてくれ、気持ちよくゴルフができる環境を整えてくれる方がはるかに重要なのです」

まさに、通念との不調和でした。「通念との不調和」があるところで、新しいスタイルのビジネスが生まれていました。

「消費者の価値観との不調和」についてドラッカーは、アメリカのある証券会社の例を挙げています。[*115] 証券業界が抱いている「消費者の価値観」は「投資するのは金儲けのためである」というものでした。しかし実は、証券業界の顧客の中には「投資による金儲け」というよりは、「自分自身で稼ぐことに精一杯で、稼いだ金の運用にまで時間も気も回らない」という顧客が少なくなかったのです。

この証券会社は、国債などのリスクの少ない投資を中心にして、消費者の財産を守るということを約束して成功しました。「消費者の価値観との不調和」にもイノベーションの機会があるようです。

次は、イノベーションの機会を探す「7つの領域」の3番目の「プロセス・ニーズ」です。昔から「必要は発明の母」と言いますが、ドラッカーの言う「プロセス・ニーズ」は、一連のプロセスの中で、一つだけ欠けているものを補うというものです。

ドラッカーは、白内障の手術というプロセスの中で、一つだけ課題として残っていた「酵素の保存薬の開発」の例などを挙げていますが、[*116] 147ページで説明した派遣キャディの例も、この「プロセス・ニーズ」にあてはまるでしょう。接待ゴルフに必要な素晴らしいゴルフコースもクラブハウスも食事も揃っている。足りないのはキャディさんだけという

＊115 『イノベーションと企業家精神』P・F・ドラッカー著、小林宏治監訳、上田惇生＋佐々木実智男訳、（ダイヤモンド社）の4章

＊116 『イノベーションと企業家精神』P・F・ドラッカー著、小林宏治監訳、上田惇生＋佐々木実智男訳、（ダイヤモンド社）の5章

ことです。

いずれにせよ、一連のプロセスの中で、一つだけ欠けているものを補うことができれば大きなイノベーションにつながるのです。

イノベーションの機会を探す「7つの領域」の1番から3番の説明が終わりました。140ページで、イノベーションの機会を探す「7つの領域」を列記した際に、3番目と4番目の間に意図的に空白行を入れていました。

それは、イノベーションの機会を探す「7つの領域」の4番から7番の「産業と市場の構造変化」「人口構成の変化」「認識の変化」「新しい知識」が、128〜133ページで説明した、「すでに起こった未来」を探すための「4つの領域」である「人口」「知識」「他の産業、他の国、他の市場」「産業構造」とほぼ同じだからです（ちなみに、「7つの領域」の6番目の「認識の変化」は、「4つの領域」の「人口」に含まれている感じです）。

「すでに起こった未来」を探すための「4つの領域」が示されたのは、1964年に出版された『創造する経営者』（ダイヤモンド社）です。イノベーションの機会を探す「7つの領域」が示されたのは、1985年に出版された『イノベーションと企業家精神』です。

1964年から1985年の約20年の間にドラッカーは何を考えたのか。1985年になって、なぜ「すでに起こった未来」を探すための「4つの領域」の上に3つの領域を加えたのか。

それはもちろん、イノベーションの信頼性と確実性を高めるためです。ドラッカーは「イノベーションは、どこまでリスクを明らかにし小さくできるかによって、成功の度合いが決まる」[*117]と言います。

また、イノベーションを起こすことが難しい理由の一つは、私たち人間の固定観念や認知限界にあるのだと思います。私たち人間はあまりにも現実が見えていない、わかっていない。だから、ドラッカーは3つの領域を加えて、「現場に出て、現場から現実を教えてもらえ」ということが言いたかったのではないかと思います。ドラッカーも「イノベーションは、市場にあって、市場に集中し、市場を震源としなければならない」[*118]と言います。

この市場を起点にするということに関してさらに言えば、人口や産業構造の変化といった大きな変化が顧客の中に入り込み、それぞれの顧客の事情と相まって新しい課題を作りだしています。その顧客の新しい課題の中にこそ、信頼性と確実性の高い具体的なイノベー

＊117、118『イノベーションと企業家精神【エッセンシャル版】』P・F・ドラッカー著、上田惇生訳、(ダイヤモンド社)の第11章

ションの機会が存在しているということだと思います。

例えば、電気自動車という「知識」や「産業構造」の大きな変化があります。ただ、電気自動車のかなりの部分を自前で開発できる自動車会社とそうでない自動車会社があります。電気自動車という大きな流れが、それぞれの会社に入り込むと、それぞれの会社の事情と相まって、それぞれの会社独自の新しい課題が生まれてくるのです。その顧客独自の新しい課題に取り組むことが、信頼性と確実性の高いイノベーションにつながっていくということだと思います。

ドラッカーは次のように言います。「明日の事業をつくるための活動は、明日の事業は今日のそれとは異なるものでなければならないとの確信のうえになされる。だが、スタート地点は今日の事業である。明日の事業はひらめきによって得られるものではない。それは今日の仕事の分析によって得られる」*119

ドラッカーのイノベーションに関する基本的な考え方は、「変化の中にイノベーションの機会がある、変化を機会として利用せよ」ということです。そのイノベーションの機会を探す領域がこれまで説明してきた「7つの領域」です。

ただ、ドラッカーは「イノベーションの機会の存在するこれら七つの領域は、截然《せつぜん》と分かれているわけではない。重複する部分も多い」[*120]と言います。

鉄鋼業界のミニミルの躍進は、「予期せざるもの」でありかつ「需要との不調和」でもありました。派遣キャディのビジネスは、「通念との不調和」でありかつ「プロセス・ニーズ」でもありました。

ドラッカーはイノベーションの機会を探す「7つの領域」を示したうえで、イノベーションを成功させるために「なすべきこと」を5つ示しています。[*121]その要約は次のとおりです。

1. イノベーションを行うには、7つの機会を分析することから始めなければならない。
2. イノベーションとは、理論的な分析であるとともに知覚的な認識である。
3. イノベーションに成功するには、焦点を絞り単純なものにしなければならない。成功したイノベーションは驚くほど単純である。最高のほめ言葉は、「なぜ、私には思いつかなかったか」である。

＊119 『マネジメント　課題、責任、実践』P・F・ドラッカー著、上田惇生訳、（ダイヤモンド社）の第4章

＊120 『イノベーションと企業家精神』P・F・ドラッカー著、小林宏治監訳、上田惇生＋佐々木実智男訳、（ダイヤモンド社）の2章

＊121 『イノベーションと企業家精神【エッセンシャル版】』P・F・ドラッカー著、上田惇生訳、（ダイヤモンド社）の第11章

4．イノベーションに成功するには、小さくスタートしなければならない。

5．とはいえ、最初からトップの座をねらわなければならない。さもなければ、競争相手に機会を与えるだけに終わる。

イノベーションを起こそうと思えば、シンプルにかつ小さくスタートしなければなりません。複雑なものはうまく行きません。ただ、最初からトップの座をねらっていなければなりません。

多くの事業分野で言えることですが、新しい事業分野にはおびただしい数の新規参入があります。しかし、最終的に生き残るのは数社という形になってしまいます。だからこそ、シンプルにかつ小さくスタートしなければならないが、最初からトップの座をねらっていなければならないのです。

以上がドラッカーの未来創造やイノベーションに関する考え方の概要とその補足説明です。ドラッカーの未来創造やイノベーションの考え方は、「アイデア」をベースにしたりスクが高いものから、「変化を機会として利用する」より信頼性と確実性の高い方法論に移っていったのです。

（5）既存の企業が新規事業を生み出すために必要なこと

より信頼性と確実性の高い、未来創造やイノベーションの方法論を説明しました。しかしそれでもなお、未来創造やイノベーションは極めて難しいと言わざるを得ません。

ドラッカーの言う「7つの領域」から変化を見つけ出したとしても、そこにイノベーションの機会があるというだけで、その変化から自動的にイノベーションが生まれるわけではありません。シンプルに小さくスタートしたからといって、必ずしもそれが利益を生む事業になるわけではありません。

言うまでもないことですが、どのような方法論や考え方を使おうとも、マニュアルに沿って仕事をこなしていけば、だれでも新しい事業やイノベーションが起こせるというようなものではないのです。

特に、これまでに新しい事業を生み出したことのない既存の企業が、新しい事業を生み出すことは可能なのでしょうか。官僚的意識が強く保守的な大企業は、絶望的なような気もします。

ドラッカーも「昔から、大企業はイノベーションを生まないという。確かにそのように見える。今世紀の大きなイノベーションは既存の大企業からは生まれなかった[*122]」と、1985年に出版した『イノベーションと企業家精神』の中で述べています。

欧米で20世紀初頭に全盛期を迎えていた鉄道会社は、その後の輸送の主役となる自動車もトラックも生み出しませんでした。「電機メーカーの巨人たち、アメリカのGE、ウェスチングハウス、RCA、ヨーロッパのジーメンス、フィリップス、日本の東芝などは、いずれも一九五〇年代にコンピューター分野に殺到した。だがいずれも成功しなかった[*123]」日本でも明治以降、石炭産業、鉄鋼産業、造船産業、繊維産業などには大企業がひしめいていました。しかし、いまのソニーやパナソニックやユニクロはベンチャーから生まれました。

確かに、「大組織の官僚的体質や保守的体質は、イノベーションと企業家精神にとって深刻な障害となる[*124]」ことは間違いありません。

大企業の役員会で、新しい事業への取り組み案を議論していてよく見かけるのは、役員が起案者に対して、その案がうまくいくことを論理的に説明させようとすることです。そして、それができなければことごとく新しい事業案をつぶしていきます。これは、既存のビジネスにおいて論理的思考で成果をあげてきた頭脳明晰《めいせき》な役員にありがちな傾向です。既存のビジネスにおいては論理的思考が機能します。それは、既存のビジネスにおいてはほとんどの事が経験済みのことだからです。しかし、新しい事業は論理的思考だけではうまくいきません。既存の事業と新しい事業とでは、考え方や取り組み姿勢を変えなければなりません。

ドラッカーは次のように言います。「未来にかかわる構想のうち、必ず失敗してしまうものは、確実なもの、リスクのないもの、失敗しようのないものである。明日を築く土台となる構想は、不確実たらざるをえない。（中略）もし不確実でもなく、リスクを伴うものでもないならば、そもそも、未来のための構想としては現実的ではない。なぜならば、未来それ自体が不確実であって、リスクを伴うものだからである[*125]」

＊122、123 『イノベーションと企業家精神【エッセンシャル版】』P・F・ドラッカー著、上田惇生訳、（ダイヤモンド社）の第13章

＊124 『イノベーションと企業家精神【エッセンシャル版】』P・F・ドラッカー著、上田惇生訳、（ダイヤモンド社）の第13章。この本の訳者は意図的に「企業家」という言葉を使っていますが原書は"entrepreneur"であり本来的な意味は「起業家」です。この今後もドラッカーの著作の引用の中で「企業家」という言葉が出てくる場合は、原書では"entrepreneur"であると認識しておいてください。

＊125 『［新訳］創造する経営者』P・F・ドラッカー著、上田惇生訳（ダイヤモンド社）の第11章

官僚的意識が強く保守的な既存の大企業が、新しい事業を生み出すことは簡単なことではありません。しかしながら、大企業が新しい事業を生み出せなかったりイノベーションを起こせなかったりしたわけではありません。

ドラッカーは「大企業はイノベーションを行わず、行うこともできないとの通念は半分も事実ではない。まったくの誤解である。まず多くの例外がある。企業家としてイノベーションに成功した大企業の例は多い」[*126]としたうえで、イノベーションを起こしている大企業として、医療関係のジョンソン&ジョンソン、工業製品の3M、金融機関のシティバンクなどの名前を挙げています。

航空機産業において、実はフォードやGMは航空機分野のパイオニアでしたが、結局航空機をビジネスにすることはできませんでした。しかし、日本の自動車メーカーのホンダは航空機産業への進出を果たしました。

日本の旧財閥系の企業は新しい事業をぞくぞく生み出しました。古河鉱業（現在の古河機械金属）は古河電気工業を生み出し、古河電気工業はドイツのシーメンスと合弁で富士電機を生み出し、富士電機は富士通を生み出し、富士通はファナックを生み出しました。

三菱グループは、海運業からスタートして、ありとあらゆる産業分野に進出していきました。まさに大企業が、変化を機会として利用して、新しい事業を生み出してきたのです。

このように、既存の企業も新しい事業やイノベーションを起こしています。ただドラッカーは、既存の企業が新しい事業やイノベーションを起こすには、いくつかの条件があると言います。

最初の条件は、「イノベーションを受け入れ、変化を脅威でなく機会とみなす組織をつくりあげなければならない[*127]」ということです。

ドラッカーは次のように言います。「イノベーションを異質なものとして推進していたのでは何も起こらない。日常業務とまではいかなくとも、日常的な仕事の一つとする必要がある[*128]」

私の顧問先に、全社員でドラッカー経営学を学び、ドラッカー経営学を社内の共通言語にすることにより、業績をV字回復させた会社があります。その会社で合い言葉になったものの一つが「イノベーションは仕事である」でした。

元々その会社は、体育会的な風土の売上至上主義の会社でした。それが、「イノベーショ

＊126、127、128 『イノベーションと企業家精神【エッセンシャル版】』P・F・ドラッカー著、上田惇生訳、（ダイヤモンド社）の第13章

ンは仕事である」を合い言葉に、イノベーションを日々の仕事としてとらえ、それまでにない商品やそれまでとは全く異なる仕事のやり方をぞくぞく生み出しました。

そして、この会社の経営陣は、そのような取り組みを全社集会で発表させ、その中で特に優秀なものを表彰するといった企業風土に変えていきました。

ドラッカーは、「変化ではなく沈滞に対して抵抗するイノベーション志向の組織をつくることこそ、トップマネジメントにとって最大の課題である」[*129]と言います。

既存の企業が新しい事業やイノベーションを起こすには、まずは変化を脅威ではなく機会とみなすイノベーション志向の会社に変えていかなければならないのです。

そして、既存の企業が新しい事業を生み出すための次の条件は、「企業家としての厳しい仕事を遂行できる組織をつくらなければならない」[*130]ということです。

ドラッカーは次のように言います。「新事業は、既存の事業から分離して組織しなければならない。(中略)既存の事業は、それに責任をもつ人たちから膨大な時間とエネルギーを奪うからである。(中略)われわれはすでに三、四〇年も前から、既存の事業を担当する人たちは、それらの事業の拡大、修正、調整しかできないことを知っている。新事業は別の人たちに担当させなければならない。新事業の核となる人はかなり高い地位にあることが必要である。（中略）トップマネジメントの一人が、明日のためにその特別の仕事に責任を負わなければならない」[*131]

新しい事業を本気で生み出そうと思うなら、「企業家としての厳しい仕事を遂行できる組織をつくらなければならない」ということです。つまり、新しい事業を既存の事業から分離し、必ずトップマネジメントのだれかが、新しい事業の創造に責任を負わなければならないのです。

ただ、問題になるのは、新しい事業創造の実務をだれに任せるかです。会社の中に事業創造の経験のある人などいないはずです。だからといって、ベンチャー企業を買収したり、ベンチャー企業と合弁したりしてもうまくいかないでしょう。それは、大企業とベンチャー企業では、価値観も考え方も行動パターンも、何もかもが大きく異なるからです。

ドラッカーも「アメリカの大企業の多くがベンチャーと合弁事業を組んでいるが、成功したものはあまりない。（中略）大企業が企業家として成功するのは、多くの場合、自らの人材によって新しい事業を手がけたときである」[*132]と言います。

＊129 『マネジメント　課題、責任、実践』P・F・ドラッカー著、上田惇生訳、（ダイヤモンド社）の第61章
＊130、131、132 『イノベーションと企業家精神【エッセンシャル版】』P・F・ドラッカー著、上田惇生訳、（ダイヤモンド社）の第13章

会社の中に事業創造の経験のある人がいなくても、事業創造ができる可能性がある人は存在します。

ドラッカーは次のように言います。「企業家精神は生まれつきのものではない。創造でもない。それは仕事である」[*133]「イノベーションには、他の仕事と同じように才能や素地が必要である。だがイノベーションとは、あくまでも意識的かつ集中的な仕事である。勤勉さと持続性、それに献身を必要とする」[*134]

天才的なひらめきによるイノベーションは別として、ドラッカーが提唱する変化を機会として利用するイノベーションや未来創造は、他の一般的な仕事と同じで、勤勉さと持続性と献身が必要なのです。

さらに、ドラッカーは次のように言います。「イノベーションと企業家精神の原理と方法は誰でも学ぶことができる。ほかの仕事で成果をあげた者は企業家としての仕事も立派にこなす。（中略）既存の企業において企業家として優れた仕事をする人たちは、通常それ以前に日常のマネジメントでも能力を示している人たちである」[*135]

ドラッカーが提唱するイノベーションと起業家精神の考え方や方法論はだれでも学ぶことができます。そして、勤勉さと持続性と献身をもって日々の仕事にあたり成果をあげている人は、未来創造やイノベーションの分野においても優れた仕事をしてくれる可能性が高いのです。

ただ、ドラッカーは次のように言うのです。「未来において何かを起こすために投入する人材は少しでよい。ただし最高のものでなければならない。そうでなければ何も起こらない。（中略）未来に何かを起こすには勇気を必要とする。努力を必要とする。信念を必要とする。その場しのぎの仕事に身を任せていたのでは、未来はつくれない」[*136]「イノベーションには人間のエネルギーが必要である。有能な人材という最も稀少な資源による厳しい働きが必要である」[*137]

繰り返しになりますが、イノベーションや新しい事業は、マニュアルにしたがってただ仕事をしていれば生まれるようなものではありません。イノベーションや新しい事業を起

＊133　『イノベーションと企業家精神【エッセンシャル版】』P・F・ドラッカー著、上田惇生訳、（ダイヤモンド社）の第13章
＊134　『イノベーションと企業家精神【エッセンシャル版】』P・F・ドラッカー著、上田惇生訳、（ダイヤモンド社）の第11章。ちなみに、引用文の中の「勤勉さ」「持続性」「献身」は原書ではそれぞれ“diligence”、“persistence”、“commitment”です。
＊135、137　『イノベーションと企業家精神【エッセンシャル版】』P・F・ドラッカー著、上田惇生訳、（ダイヤモンド社）の第13章
＊136　『創造する経営者』P・F・ドラッカー著、上田惇生訳（ダイヤモンド社）の第11章。ちなみに、引用文の中の「勇気」「努力」「信念」は原書ではそれぞれ“courage”、“work”、“faith”です。

こそうと思えば、すでに実証ずみの能力を持つ最高の人材をそれにあてなければならないのです。

そして、そのためには122ページで説明した、既存の事業の廃棄や縮小を進めなければなりません。それは、「イノベーションに挑戦できる最高の人材を自由にしておかなければならない」[*138]からなのです。

昔の銀行には「真のバンカー」と呼べる人たちがいたという話を聞くことがあります。つまり、新しい事業の創造に金融的な支援を行うことによって、社会に貢献しようと思っていた志の高い銀行員たちです。

彼らは何を判断基準にして融資を行っていたか。事業のアイデアではなく、だれがその事業を行おうとしているかでした。「アイデア」ではなく「人」を判断基準にしていたのです。

日本でたくさんの事業を創造したことで有名なのは渋沢栄一です。彼の名前が出てくると枕ことばのように「500社にのぼる企業の設立に携わり」という言葉が付いてきます。

しかし、当然ながら彼が500社すべての経営に自ら携わっていたわけではありません。多くは企業の設立に携わっただけです。ただ、彼はいつも事業が始まるはるか前から、経営を任せる優秀な人材を探していました。彼もまたビジネスの本質を知る人でした。

新しいことは何が起こるかわかりません。すべてが順調にいくことなどありえません。困難の連続です。新しいことはそれがうまくいったにしても、当初想定していたものとはかなり違った形で成就《じょうじゅ》するのが普通です。多くの困難を乗り越えて、そこまで持っていってくれる人がいるかどうかが重要なのです。

成果をあげるには「勤勉さ」と「持続性」と「献身」が必要であり、未来に何かを起こすには「勇気」と「努力」と「信念」が必要なのです。

本当に新しい事業を生み出したいのなら、実証ずみの能力を持つ最も優秀な人材をその仕事にあてなければなりません。

ここで、本書を読んでいる会社役員のみなさんに質問です。失敗するリスクが高い新しい事業の創造に、みなさんの会社の最も優秀な人材をあてることができますか。会社役員の側にも勇気が必要になります。

ただ、余談ではありますが、救いがあるのは、最も優秀な人材を既存の事業から引き剝

＊138 『イノベーションと企業家精神【エッセンシャル版】』P・F・ドラッカー著、上田惇生訳、（ダイヤモンド社）の第13章

がせば、その下で働いていた人たちが著しく成長するということです。私はそのような事例を何度も見てきました。

話を戻しましょう。最も優秀な人材をあてたからといって新しい事業が成功する保証などありません。しかし、最も優秀な人材をあてない限り、新しい事業を生み出すことは極めて難しいと言わざるを得ないのです。

既存の企業において、本気で新しい事業を生み出すことを考えている人は、ドラッカーの『イノベーションと企業家精神【エッセンシャル版】』（ダイヤモンド社）の第13章を読んでみてください。たくさんの気づきがあると思います。

（6）「結合」による知の創造

この第4章は未来創造がテーマなので、新しい時代に新しいものを創造するうえでの「知識の生産性」や「知の創造」ということについても触れておきたいと思います。

ドラッカーは次のように言います。「事業とは、市場において、知識という資源を経済価値に転換するプロセスである。事業の目的は、顧客の創造である。買わないことを選択できる第三者が、喜んで自らの購買力と交換してくれるものを供給することである」[*139]。つまり、ビジネスにおいて根本的に大切なのは、「顧客」と「知識」なのです。

ただ、ドラッカーの言う「知識」とは“knowledge”であり、単なる情報としての「知識」のことではありません。

ドラッカーは次のように言います。「知識は、本の中にはない。本の中にあるものは情報である。知識とはそれらの情報を仕事や成果に結びつける能力である。そして知識は、人間すなわちその頭脳と技能のうちにのみ存在する」[*140]

このような意味合いから言えば、ドラッカーの言う「知識」とは、日本語感覚で言えば「知恵」に近いかもしれません。

ドラッカーは「知識」のことを「仕事や成果に結びつける能力」だと言いますが、「知識の生産性」という観点から言えば、生産要素である「知識」は成果に結びつかなければ意味がありません。社交界において「博学の士」は一定の評価があるかもしれませんが、

＊139 『［新訳］創造する経営者』P・F・ドラッカー著、上田惇生訳、（ダイヤモンド社）の第6章

＊140 『創造する経営者』P・F・ドラッカー著、上田惇生訳、（ダイヤモンド社）の第7章。この引用文の中の「知識」「情報」「頭脳」「技能」は原書ではそれぞれ“knowledge”“information”“brain”“skill of hands”です。

ビジネス界においては成果に結びつかない知識は意味がないのです。

これまで、成果を生むために知識は高度に専門化せざるをえませんでした。高度に専門化した知識でなければ成果に結びつきませんでした。ドラッカーも「専門知識への特化が、あらゆる分野において、膨大な可能性を与えてくれた」[*141]と言います。

しかし、専門分野への特化が、専門家の知識を狭い分野へ押し込めてしまうことになりました。現代の専門家は、知っていることより知らないことの方がはるかに多くなってしまったのです。

そして困ったことに、現代においては「重要な新しい洞察は、全く別の専門分野、別の専門知識から生まれるようになっている」[*142]のです。（傍点著者）

この「洞察」という言葉は、原書では"insights"です。この"insights"という言葉がマーケティング用語として使われる場合は、「潜在ニーズを見抜く力」とか「固定概念を覆す新しい視点」といった意味合いになります。

音楽のネット配信サービスは既存の音楽業界から出てきたものではありません。自動車の自動運転技術も既存のカーナビ業界から出てきたものではありません。「固定概念を覆す新しい視点」は、別の専門分野、別の専門領域から生まれるようになってきているのです。

さらに、「知の創造」である「知識」によるイノベーションは、「各種の異なる知識を合体させた結果生ずるものである」[*143]とドラッカーは言います。例えば、ライト兄弟の飛行機はガソリンエンジンと空気力学の2つの知識にもとづいています。初期のコンピューターは三極管、二進法の原理、パンチカードなどの知識が揃って初めて生まれました。

したがって、これからの新しい時代において新しい何かを創造するためには、まず「多様な専門知識を理解する能力」[*144]が必要となります。そして、それに加えて「まさに知識が特化したからこそ、われわれは、(知らないことから生まれてくる)[*145]この潜在的な可能性を具体的な成果へと転化するための方法論、体系、手順を必要としている」[*146]のです。

しかし、ドラッカーが指摘する「方法論、体系、手順」について、私たち人類はその有

＊141『ポスト資本主義社会』P・F・ドラッカー著、上田惇生＋佐々木実智男＋田代正美訳、(ダイヤモンド社)の10章
＊142『ポスト資本主義社会』P・F・ドラッカー著、上田惇生＋佐々木実智男＋田代正美訳、(ダイヤモンド社)の12章
＊143『イノベーションと企業家精神』P・F・ドラッカー著、小林宏治監訳、上田惇生＋佐々木実智男訳、(ダイヤモンド社)の9章
＊144『ポスト資本主義社会』P・F・ドラッカー著、上田惇生＋佐々木実智男＋田代正美訳、(ダイヤモンド社)の12章
＊145 この一文は、引用文全体をより理解しやすくするために、『ポスト資本主義社会』の前後の文脈から考えて、著者が挿入したもの。
＊146『ポスト資本主義社会』P・F・ドラッカー著、上田惇生＋佐々木実智男＋田代正美訳、(ダイヤモンド社)の10章

効なものをまだ見いだせていません（ＡＩは一つの方法論になるかもしれません）。

この段階において、「知の創造」のためにドラッカーが与えてくれるアドバイスは、「結合せよ」[*147]です。ドラッカーは次のように言います。「結合こそ、偉大な芸術家のみならず、ダーウィン、ボーア、アインシュタインなど偉大な科学者の特性である。たしかに彼らの結合能力の水準は、天賦のものであって、『天才』というあの神秘の一部かもしれない。しかし、結合によって知識の生産性をあげることは、個人、チーム、組織のいずれにとってであれ、かなりの程度、学ぶことができる」[*148]

成果をあげるために知識は専門化しました。ゆえに、現代の知識労働者の知識は狭い範囲となり、知らないことの方が多くなりました。しかし、新しい洞察は全く別の専門分野、別の専門知識から生まれます。だからこそ、専門分野を超えた「結合」が極めて重要な時代になってきているのです。

トヨタ自動車が推進している「スマートシティ構想」の関連で、トヨタはＮＴＴと資本業務提携を行いました。トヨタの提携の動きは活発です。同業の競合先とも提携しています。例えば、トヨタとマツダは同じ自動車を作っていますが、作る目的が違います。目的が違えば自動車を作る知識も違ってきます。異なる知識の結合から新しいものが生まれる潜在的な可能性があります。トヨタが目指していることも、この新しい時代における知識の「結合」による創造なのだろうと思います。

そして、この「結合」によって知識の生産性をあげる方法論は、だれでも学ぶことができ、活用することができるのです。

これで、「知の創造」のための「結合」という考え方の説明は終了です。

未来創造について説明してきたこの第4章の最後に、ドラッカーの未来創造に関する次の言葉を紹介しておきたいと思います。

1.「変化をマネジメントする最善の方法は、自ら変化をつくりだすことである」*149

2.「成功への道は、自らの手で未来をつくることによってのみ開ける。(中略)自ら未来をつくることにはリスクが伴う。しかしながら、自ら未来をつくろうとしないほうが、

*147『ポスト資本主義社会』P・F・ドラッカー著、上田惇生+佐々木実智男+田代正美訳、(ダイヤモンド社)の10章　原書は"Only connect"
*148『ポスト資本主義社会』P・F・ドラッカー著、上田惇生+佐々木実智男+田代正美訳、(ダイヤモンド社)の10章
*149『ネクスト・ソサエティ』P・F・ドラッカー著、上田惇生訳、(ダイヤモンド社)の第Ⅰ部第7章

リスクは大きい[*150]

3．「未来は明日つくるものではない。今日つくるものである。今日の仕事との関係のもとに行う意思決定と行動によって、今日つくるものである」[*151]

未来創造はリスクを伴う。しかし、何もしない方がリスクは大きい。そして、未来が創造されるかどうかは、この本をお読みの会社役員のみなさんの、今日の意思決定と行動に掛かっているのです。

＊150 『明日を支配するもの』P・F・ドラッカー著、上田惇生訳、（ダイヤモンド社）の第3章

＊151 『創造する経営者』P・F・ドラッカー著、上田惇生訳、（ダイヤモンド社）の第1章

附章

会社役員が成果をあげるために必要なこと

（1）身につけておくべき「5つの習慣的能力」

これまでの第2章から第4章までで、本書のテーマである「会社役員の役割」についての説明は終了です。この附章では、会社役員が成果をあげるために必要なことについて説明します。

まずは、成果をあげるために身につけておくべき「5つの習慣的能力」からです。ドラッカーはこの「5つの習慣的能力」について、『経営者の条件』（ダイヤモンド社）という書籍一冊を費やして説明しています。

ドラッカーは次のように言います。「頭のよい者が、しばしば、あきれるほど成果をあげられない。彼らは、知的な能力が、そのまま成果に結びつくものではないということを十分認識していない。（中略）成果をあげるエグゼクティブに共通しているものは、彼らの能力や彼らの存在を成果に結びつけるための習慣的な力である。（中略）そして習慣的な能力は、常に習得が可能である[*152]」

ドラッカーはエグゼクティブが成果をあげるには、次の「5つの習慣的能力[*153]」を身につける必要があると言います。

1. 汝《なんじ》の時間を知れ
2. どのような貢献ができるか
3. 強みを活かせ
4. 最も重要なことから始めよ
5. 成果をあげる意思決定とは

1番目の「汝の時間を知れ」についてですが、時間は特殊な資源です。みなに平等に与えられていると同時に、他の資源と違って他人から借りたり買ったりして増やすことのできない資源です。時間をどう使うかが仕事の成果に大きな影響を与えます。

特に、組織の中で地位が上になればなるほど、自分で自分の時間をコントロールできなくなります。会社役員の予定は部下がどんどん入れていきます。しかし、自分の時間が何

＊152『[新訳]経営者の条件』P・F・ドラッカー著、上田惇生訳、（ダイヤモンド社）の第1章

＊153『[新訳]経営者の条件』P・F・ドラッカー著、上田惇生訳、（ダイヤモンド社）の第2章から第7章の見出しの言葉。「強みを活かせ」は原典では「強みを生かせ」ですが、本書では他の翻訳本との兼ね合いから「強みを活かせ」で統一しています。

に使われているかを知ることはできます。

ドラッカーは次のように言います。「汝自身を知れという昔からの知恵ある処方は、悲しい性《さが》の人間にとっては、不可能なほどに困難である。しかし、その気があるかぎり、汝の時間を知れという命題には、だれでも従うことができる」[*154]

2番目の「どのような貢献ができるか」というのは、『組織の業績に対する自分の最も重要な貢献は何か』と自問すること」[*155]です。この「どのような貢献ができるか」については、後ほど184ページで詳しく説明します。

3番目の「強みを活かせ」というのは、ドラッカー経営学において極めて重要な考え方です。ドラッカーの「強みを活かせ」という考え方については、後ほど208ページで詳しく説明します。

ここではまず、「5つの習慣的能力」の中の、4番目の「最も重要なことから始めよ」と、5番目の「成果をあげる意思決定とは」について詳しく説明しておきます。

「最も重要なことから始めよ」などと言われると、読者のみなさんは「そんなことは当たり前じゃないか」と思われるかもしれません。

ドラッカーは次のように言います。「トップ本来の仕事は、昨日に由来する危機を解決することではなく、今日と違う明日をつくり出すことであり、それゆえ、常に後回しにしようと思えばできる仕事である。（中略）状況の圧力は、常に、将来よりも過去に起こったものを、機会よりも危機を、（中略）意味あるものよりも切迫したものを優先する」[*156]

「最も重要なことから始めるのは当たり前だ」と思いがちですが、実は私たちはだれも重要なことより緊急なことに追い回され、本当に重要なことを後回しにしていることが少なくないのです。

さらには、「重要だ」とはわかっていても、自分の在任期間に手をつけることにリスクがあることはだれもが後回しにしがちです。会社役員とて一人の人間ですから、「大過なく在任期間を終えたい」と思う人がいても不思議ではありません。

ドラッカーは、「優先順位の決定に関しては、いくつかの重要な法則がある。それらの法則は、分析ではなく、勇気にかかわるものである」[*157]として、次の4つの法則を挙げています。[*158]

＊154 『[新訳]経営者の条件』P・F・ドラッカー著、上田惇生訳、（ダイヤモンド社）の第2章
＊155 『[新訳]経営者の条件』P・F・ドラッカー著、上田惇生訳、（ダイヤモンド社）の第3章
＊156、157、158 『[新訳]経営者の条件』P・F・ドラッカー著、上田惇生訳、（ダイヤモンド社）の第5章

1. 過去ではなく未来を選べ。
2. 問題ではなく機会に焦点を合わせよ。
3. 横並びではなく独自に方向を決めよ。
4. 無難で容易なものではなく、変革をもたらすものに照準を高く合わせよ。

特に経営陣にとって重要な仕事である「未来をつくる」ということに関して必要なのは、第4章でも説明したように、過去を捨てることであり、勇気なのです。

次は5番目の「成果をあげる意思決定とは」についてです。

久しくみなさんに質問を投げかけてきませんでしたが、ここで質問です。重要な意思決定において大切なことは何でしょうか。みなさんご自身が、重要な意思決定において大切だと思っていることを、自分の言葉で答えてみてください。

STOP

読み進めるのを一旦停止して、問いに答えてみてください。

重要な意思決定において大切なことは何でしょうか。

ドラッカーの意思決定の考え方の中で、大切だと思われるところを引用して箇条書きにすると次のようになります。*159

1. 意思決定は判断である。それは、選択肢からの選択である。
2. 意思決定は、共通の理解と、意見の衝突と対立、そして競合する複数の選択肢についての真剣な検討から生まれる。
3. 意見の不一致が存在しないときには、意思決定を行うべきではない。

*159 『[新訳]経営者の条件』P・F・ドラッカー著、上田惇生訳、(ダイヤモンド社)の第7章

4．結論からスタートして、その結論を裏づける事実を探すようなことは、絶対に行ってはならない。

5．一般的に、成果をあげる意思決定は苦い。

意思決定が選択肢からの選択であることに異論はないと思います。選択肢がなければ意思決定の必要はありません。

ただ一般的に、選択肢の中身はどれもが一長一短です。「あちらを立てればこちらが立たず」といったことばかりです。そこで、意思決定において極めて重要になるのが「問題の理解」と「意見の衝突」です。

ドラッカーは次のように言います。「問題に対する答えは人によって異なる。（中略）問題の認識の違いが答えの違いをもたらす。したがって、いかなる認識の仕方があるかを明らかにすることが、効果的な意思決定の第一歩となる。（中略）大切なことは、問題への答えではなく、問題についての理解である」*160

例えば、新しいプロジェクトの実施検討において、技術担当の役員はそのプロジェクトの問題を技術的な面から捉えるでしょう。人事担当の役員は人の配置の面から捉えるでしょうし、財務担当の役員は財務的な面から捉えるでしょう。

初めから問題への答えが一致しているということは、いろいろな角度から問題を検討できていないという危険性をはらんでいる場合があります。なので、重要な意思決定においては「意見の不一致が存在しないときには、意思決定を行うべきではない」のです。

ドラッカーは次のように言います。「重要なのは、『正しい判断』を導くことではない。そもそも、正しい判断など見つかりはしない。何が問題の本質であるかの見極めこそが、最も重要なのだ[*161]」

慎重に行った意思決定であっても、結果が吉とでるか凶とでるかはだれにもわかりません。さらに、選択肢の中身が一長一短である以上、いかなる意思決定もだれかを不幸にしたり、だれかの恨みを買ったりすることがあります。それなのに意思決定者は、自分の意思決定に責任をとらなければなりません。まさに、「成果をあげる意思決定は苦い」ということであり、「意思決定には、判断力と同じくらい勇気が必要である[*162]」ということです。

＊160『マネジメント　課題、責任、実践』P・F・ドラッカー著、上田惇生訳、（ダイヤモンド社）の第37章
＊161『マネジメント　務め、責任、実践』P・F・ドラッカー著、有賀裕子訳、（日経BP社）の第37章
＊162『［新訳］経営者の条件』P・F・ドラッカー著、上田惇生訳、（ダイヤモンド社）の第7章

そういう難しさが伴う意思決定には、「意見の衝突と対立、そして競合する複数の選択肢についての真剣な検討」が不可欠です。なぜなら、いろいろな角度から問題の本質を見極めることが大切だからです。

しかしながら、空気を読んだり忖度したりすることが大事にされる日本社会においては、「社長はもうこう決めてるらしいぞ」といった、結論からスタートする安易で無難な意思決定が行われている場合が少なくないと思います。

日本には浜田幸一《はまだこういち》という破天荒な政治家がいました。自民党内に反主流派が築いたバリケードを片付けながら、彼は自民党員に向けてこう言い放ちました。「いいか、ことわっとくけどなぁ。かわいい子供たちの時代のために自民党があるってことを忘れるな。お前らのためだけに自民党があるんじゃないぞ」

「自民党」を「役員会」に換えればこうなります。「いいか、ことわっとくけどなぁ。かわいい従業員たちの次の時代のために役員会があるってことを忘れるな。お前らのためだけに役員会があるんじゃないぞ」

空気が読めないのも困りものですが、空気を読んだうえで空気をぶち壊す勇気のある人が、日本にはもっとたくさん必要なのではないかと思います。

話が少し横道に逸《そ》れてしまいました。元に戻しましょう。

「成果をあげるための意思決定」ということで一つ付け加えておきたいことがあります。それは、「意思決定の中に実行の手順と責任を組み込んでおく必要がある。具体的な実行の手順が仕事として割り当てられ、責任として割り当てられないことには、決定は行われないに等しい。よき意図が存在するにすぎない」[*163]ということです。

そしてドラッカーは、成果に結びつかない意思決定の例として「経営方針」を挙げ、次のように述べています。「経営方針の多くが、行動にいたるまでの措置については何も盛り込んでいない。実行が誰の仕事にも、誰の責任にもなっていない。そのためそれらの経営方針は、トップにまったくやる気のないお題目と冷たい目で見られることになる」[*164]

読者のみなさんの中には、右の引用文を身につまされる思いで読んでいる方もおられるのではないでしょうか。

ドラッカーがこだわっていたのは「成果」です。ビジネスの世界においては成果があがらないのなら何をしても意味がないのです。

*163、164 『マネジメント 課題、責任、実践』P・F・ドラッカー著、上田惇生訳、(ダイヤモンド社)の第37章

これで、身につけておくべき「5つの習慣的能力」の第一段階の説明は終わりです。

ドラッカーの考え方は本質をついています。「なるほどな」と思うことがたくさんあります。ただ、私はこの「5つの習慣的能力」には違和感がありました。それは、成果をあげるための習慣的能力の1番目が「汝の時間を知れ」から始まることでした。

もちろん、時間が大切であることに異論はありません。ただ、成果をあげるためには「いかに行うか」より、まず「何を行うか」を決めることの方が重要だと思うのです。つまり、成果をあげるには、176ページで述べた「組織の業績に対する自分の最も重要な貢献は何か」を明確にするところから始めなければならないと思うのです。

私のこの違和感は2006年に新しい訳で再出版された『経営者の条件』で解消されました。この再出版された『経営者の条件』の序章には、2004年に"Harvard Business Review"誌にドラッカーが寄稿した"What Makes an Effective Executive"（邦訳：「成果をあげるには」）と題された原稿の翻訳が付け加えられました。

そこに書いてあることとは、成果をあげるエグゼクティブにはいろいろなタイプの人がいるが、だれもが次の8つのことを習慣化していたということです。

1. なされるべきことを考える
2. 組織のことを考える
3. アクションプランをつくる
4. 意思決定を行う
5. コミュニケーションを行う
6. 機会に焦点を合わせる
7. 会議の生産性をあげる
8. 「私は」ではなく「われわれは」を考える

この8項目の大半は、ドラッカーの「5つの習慣的能力」の詳細な内容のどこかで説明されていることです。例えば、「コミュニケーションを行う」や「会議の生産性をあげる」については、「5つの習慣的能力」の中の「どのような貢献ができるか」の中で説明されています。

そういう意味では、右の8項目は、「5つの習慣的能力」の細かい内容の中の重要なものをピックアップして並べ替えたものだとも言えます。

前ページの8項目の中で特筆すべきことは、習慣化すべき行動の最初に、1番の「なされるべきことを考える」[*165]と2番の「組織のことを考える」[*166]が置かれたことです。

もう一冊、私の違和感を解消してくれたドラッカーの本があります。それは『プロフェッショナルの原点』（ダイヤモンド社）です。

実は、ドラッカーのいくつかの著作は、ドラッカーと同じ大学で一緒に仕事をしていたジョゼフ・A・マチャレロ教授によって改訂されています。ドラッカーの大著『マネジメント』の改訂版が『経営の真髄』（ダイヤモンド社）であり、『経営者の条件』の改訂版が『プロフェッショナルの原点』です。

『経営者の条件』の改訂版である『プロフェッショナルの原点』では、「5つの習慣的能力」について説明している第2章から第6章の前の第1章に、「なされるべきことをなす」[*167]ということが書かれています。原文は“Getting the Right Things Done”です。

そして、ドラッカーは次のように言うのです。「成果をあげるには、性格、強み、弱み、価値観、信条はいかようであってもよい。なされるべきことをなすだけでよい」[*168]

成果をあげるには、それぞれの会社において、「なされるべきこと」がなされなければならないのです。

GEのジャック・ウェルチがCEOとして大きな成果が残せたのは、当時のGEにとって「なされるべきこと」をなしたからでした。実は、ウェルチがCEOとしてやりたかったことは事業の海外展開でした。しかし、当時のGEにとって大切だったことは、世界で1位あるいは2位になる可能性のない事業から手を引くことでした。このことを見極めたことが、ウェルチの大きな成果の要因でした。

ここで読者のみなさんに質問です。あなたの会社において、最も重要な「なされるべきこと」とは何ですか。できれば社長ともよく話をして「なされるべきこと」を明確にしてみてください。

＊165 原文は“What needs to be done?”

＊166 原文は“What is right for the enterprise?”

＊167 『プロフェッショナルの原点』P・F・ドラッカー＋ジョゼフ・A・マチャレロ著、上田惇生訳、（ダイヤモンド社）の第1章

＊168 『経営者の条件』P・F・ドラッカー著、上田惇生訳、（ダイヤモンド社）の序章。原文は、“Harvard Business Review” 2004年6月号に掲載されている次の文章。“Effective executives differ widely in their personalities, strengths, weaknesses, values, and beliefs. All they have in common is that they get the right things done.”

STOP

読み進めるのを一旦停止して、問いに答えてみてください。

あなたの会社において、最も重要な「なされるべきこと」とは何ですか。

成果をあげるための話が長くなってしまいますが、会社役員が成果をあげることに関して、もう一つだけ付け加えておきたいことがあります。

ドラッカーは次のように言います。「エグゼクティブに最もよく見られる失敗の原因は、新しい地位の要求するものに応えて、自ら変化していく能力や意思の欠如である*169」

会社役員の役割や責任は、部長や課長の役割や責任とは全く異なります。会社役員は会社の経営を担っています。

つまり会社役員は、会社の目的と使命を明確にし、その目的と使命を果たして顧客を創造し、従業員が活き活きと働く組織を作って生産性を高め、社会的責任を果たし、今日の事業と明日の事業をバランスさせ、資本のコスト以上の利益を稼ぎ出して会社を存続させるという、会社全体の運営責任を担っているのです。

会社役員という地位が要求するものに応えて、自らを変化させていかなければならないのです。

(2)上司をマネジメントする

会社役員が成果をあげるうえで、考えておくべきことの一つが「上司のマネジメント」です。「上司をマネジメントする」などと言うと不遜な感じがするかもしれませんが、根底にあるのはドラッカーの「強みを活かせ」という考え方です。

私が、短い時間のドラッカー研修を行って、研修後すぐに変化が起きるのが、この「上司のマネジメント」です。組織の雰囲気が劇的に変わることさえあります。

すぐに変化が起きる理由は、恐らく多くの人が、上司をマネジメントすることなど全く考えていないからではないかと思います。

＊169 『[新訳]経営者の条件』P・F・ドラッカー著、上田惇生訳、(ダイヤモンド社)の第3章

ドラッカーは、上司をマネジメントするうえで行うべきことは次の7つ[170]であると言います。

1．上司リストの作成
2．上司本人に注文を聞く
3．上司の仕事のやり方を知る
4．上司の強みを活かす
5．上司に情報を与える
6．上司を不意打ちに遭わせない
7．上司を軽く見ない

では、一つひとつ説明していきましょう。

1．上司リストの作成

「上司をマネジメントするために、まず行なうべきことが上司リストの作成である。ここにおいて上司とは、報告すべき者、指示を出す者、評価する者、成果をあげるうえで必要となる者である。（中略）上司リストには、可能なかぎり多くの関係者を入れておくべきである」[*171]

会社役員にとっての上司とは、まず社長です。取締役会の議長も上司でしょう。上司は社内にいるだけではありません。あなたが担当する主要な取引先の社長や役員も上司になるでしょう。そして、このリストはポストが変わる度に、もしくは1年に1度は見直す必要があります。上司と思える人を可能な限り挙げてみてください。

＊170 『経営の真髄』P・F・ドラッカー著、ジョゼフ・A・マチャレロ編、上田惇生訳、（ダイヤモンド社）の第46章。日本語の翻訳本『経営の真髄』では6項目にまとめられていますが、原書の〝Management Revised Edition〟では7項目になっています。日本語の翻訳本にない7番目の「上司を軽く見ない」の原文は〝Never Underrating Bosses〟です。また、「上司の強みを活かす」は原典では「上司の強みを生かす」ですが、本書では他の翻訳本との兼ね合いから「上司の強みを活かす」で統一しています。

＊171 『経営の真髄』P・F・ドラッカー著、ジョゼフ・A・マチャレロ編、上田惇生訳、（ダイヤモンド社）の第46章

STOP

読み進めるのを一旦停止して、問いに答えてみてください。

上司と思える人を可能な限り挙げてみてください。

2. 上司本人に注文を聞く

「年に一度は上司リストに載せた人たちのところへ行き、自分が行なっていることのうち、その上司が成果をあげるうえで何が役に立ち、何が邪魔になっているかを聞く。（中略）しかもそのときには、上司が行なっていることで自分たちの仕事の助けになっていることと邪魔になっていることのリストも持っていくべきである」*172

私はこれまでいくつかの企業の顧問として仕事をしてきました。恥ずかしい話ですが、顧問契約書に記載されていた内容通りに行っていた仕事が、先方の社長からほとんど評価されていないことがよくありました。一方で、顧問契約書には記載されていない、私が無償のサービスくらいの気持ちで行っていたことが、先方の社長から極めて高く評価されていたことがありました。

人それぞれに立場や価値観や考え方が違いますから、自分と同じように相手が考えたり感じたりしているわけではないのです。やはり聞いてみないとわからないことはたくさんあります。

また、上司が良かれと思ってやってくれていることが、自分の助けになっていることもあれば邪魔になっていることもあります。上司にはっきり伝えないとわからないことはたくさんあります。それをするには勇気が必要になる場合もあるかもしれません。ただ、それをしてみると、上司から「ほとんど例外なく、『もっと早く言ってきてよかったのに』と返ってくるはずである」[*173]とドラッカーは言います。

3. 上司の仕事のやり方を知る

「上司それぞれにそれぞれの働き方があり、成果のあげ方があり、好みがあることを知ら

＊172、173 『経営の真髄』P・F・ドラッカー著、ジョゼフ・A・マチャレロ編、上田惇生訳、（ダイヤモンド社）の第46章

なければならない。（中略）『現況、計画、問題などについて月に一度報告すべきか、それとも、報告すべきことがあるときだけ報告すべきか、書面がよいか、口頭がよいか。情報は朝いちばんに上げるべきか、一日の終わりに上げるべきか』を考えなければならない[*174]」

私は約20年にわたって東京都庁の新任課長向けにマネジメント研修を行ってきました。昔の受講生がよく言っていたのが、石原《いしはら》都知事の時代は「重要意思決定会議は局長が内容をすべて理解して臨め」という指示で、猪瀬《いのせ》都知事の時代は「重要意思決定会議には担当者を連れてこい」という指示だったそうです。

どちらが良いとか悪いとかという話ではありません。人には仕事のやり方と好みがあります。上司の仕事のやり方と好みを部下が変えることはできません。部下が、上司の仕事のやり方と好みを知って、それに対応しなければならないのです。

ドラッカーは「大事なことは、上司がそれぞれ自分の方法で成果をあげられるようにすることが部下たる者の責任であることを認識することである[*175]」と言います。

この「上司の仕事のやり方を知る」にはもう一つ意識しておくことがあると思います。マネジメント研修で、この「上司の仕事のやり方を知る」ということに関して受講生にディスカッションしてもらうと、自分とは全く異なる上司の仕事のやり方にかなりのストレスを感じながら仕事をしている人が少なくないことがわかります。

ただ、みなさんが上司の独特な仕事のやり方にストレスを感じているのと同じように、みなさんの部下たちもみなさんの独特な仕事のやり方にストレスを感じて仕事をしている人が少なくないということも認識しておく必要があると思います。

「だからどうだ」という話ではないのですが、人間社会とはそういうものだと思います。つまり、「お互い様」と言いますか、自己の存在自体が罪であるという面があるということを、認識しておく謙虚さが必要ではないかと思います。

4．上司の強みを活かす

「上司をマネジメントするには、上司との間に信頼関係を確立しなければならない。そのためには、上司の側が、自分の強みを発揮でき、弱みを守ってもらえるとの安心感を持たなければならない」[*176]
この「上司の強みを活かす」ということが、「上司のマネジメント」の肝になるところ

＊174、175、176『経営の真髄』P・F・ドラッカー著、ジョゼフ・A・マチャレロ編、上田惇生訳、（ダイヤモンド社）の第46章

です。ドラッカーの組織運営の根底にある考え方は「強みを活かせ」です。人間はだれもが一長一短です。上司も人の子ですから、一長一短があります。上司の強みと弱み、癖や性向を知っておく必要があります。

右の引用文の中に「上司の側が、自分の強みを発揮でき、弱みを守ってもらえるとの安心感を持たなければならない」という言葉があります。みなさんも想像してみてください。あなたの部下に人間的に成熟した部下がいて、その部下がいつも「あなたの強みを発揮させ、あなたの弱みを守ってあげよう」と意識的に仕事をしてくれている状況を。

そんな部下がいたらどんなに助かることでしょう。自分の身に置き換えたらすぐにわかることが、上司に対してできているでしょうか。ほとんどの人ができていないことは居酒屋に行けばすぐにわかります。居酒屋で交わされている会話は上司の悪口ばかりです。「上司にゴマをすれ」などと言ってるわけではありません。上司もあなたも人の子です。だれもが一長一短です。組織全体の生産性を高め、成果をあげるには、お互いがお互いの強みを活かし、弱みを補っていくしかないのです。

5. 上司に情報を与える

「上司は部下に何が期待できるかを知らなければならない。ということは、部下が目標としているものや優先しているものを知らなければならないということである。（中略）上司は部下が何をしようとしているかを知らなければならない。期待できるものと期待できないものを知らなければならない。上司とは、部下の仕事ぶりについて自分の上司に責任を持つ者である」[*177]

右の引用文の「仕事ぶり」は原書では〝performance〟です。なので、ここは「上司とは、部下の成果について、自分の上司に責任を持つ者である」と訳した方がわかりやすいと思います。

そして、この文中の「自分の上司」という言葉についてですが、会社役員の上司である社長にとっての「自分の上司」は、顧客や株主などでしょう。社長は、顧客や株主に対して、会社が行うことの全責任を負っています。

会社が何を行えるかは、みなさんがた会社役員が何を行えるかによって決まります。みなさん自身が何をしようとしていて、何ができ何ができないかを、社長に正しく知らせて

＊177　『経営の真髄』P・F・ドラッカー著、ジョゼフ・A・マチャレロ編、上田惇生訳、（ダイヤモンド社）の第46章

おく必要があります。なぜなら、みなさんの仕事の成果に対して、最終的に全責任を負うのは社長なのですから。

6．上司を不意打ちに遭わせない

「仕事にうれしい不意打ちはない。責任のあることについて不意打ちされれば傷つく。したがって、上司を不意打ちから守ることは部下たる者の勤めである。（中略）上司たる者はあらゆる不意打ちから守ってやらなければならない。さもなければ部下を信頼できなくなる。当然である*178」

社長ともなればだれもが百戦錬磨で、これまでたくさんの修羅場を乗り越えてきていると思います。ただ、あまりにも突然に思いもよらぬことが起こると、対応のための準備ができません。すべてが後手後手に回って事態を悪化させてしまうことがあります。

また、人間関係のトラブルで多いのが「聞いてないよ」です。事前に知らされていれば何の問題にもならないことが、「聞いてない」という状況になると大きな問題に発展してしまうことがあります。信頼関係を壊さないためにも、特に悪い情報は早めに耳に入れておく必要があります。

7．上司を軽く見ない

「上司を軽く見ることなどあってはならないことである。上司を軽く見るならば、上司はそれを見抜く。上司は高く評価しておくに越したことはない」[*179]

ただ、この引用文は翻訳者の意訳です。英語の原文を直訳すれば次のようになります。

「決して上司を低く評価してはならない。上司を低く評価するならば、上司はあなたの魂胆を見抜いてひどく憤慨するか、あなたが上司の中に上司の欠陥を見つけたように、上司もあなたの中にあなたの欠陥を見つけるだろう。しかし、上司を過大評価することには全くリスクがない」[*180]

ドラッカーが言いたかったのは、人間関係とは古今東西そういうものだということではないかと思います。つまり、人はだれしも一長一短であり、あなたが相手の短所をあげつ

＊178、179　『経営の真髄』P・F・ドラッカー著、ジョゼフ・A・マチャレロ編、上田惇生訳、(ダイヤモンド社)の第46章

＊180　Peter F. Drucker with Joseph A. Maciariello "Management Revised Edition" Harper Businessの第46章の内容の著者による翻訳。原文は"Finally, never underrate a boss. He or she will either see through your little game and bitterly resent it, or else see in you the same deficiencies as you see in the boss. But there is no risk at all in overrating a boss."

らえば、相手も同じようにあなたの短所をあげつらってくるということです。

ここのところは現実的にはなかなか対応が難しい面もあると思います。ただ、あえて自ら上司を敵に回すような行動は慎んでおいた方が身のためです。

ドラッカーは「上司にゴマをすれ」などと言っているわけではないでしょう。ただ、翻訳者の意訳ではないですが、「上司とはいい関係を保っておくに越したことはない」ということだと思います。

(3)必ず身につけていなければならない資質

これまで、会社役員が成果をあげるために身につけておくべき「5つの習慣的能力」や「上司のマネジメント」について説明してきました。次は、会社役員が「必ず身につけていなければならない資質」についてです。

私はこれまでいろいろな仕事をしてきました。会社勤めのころは、海外に製鉄所を建設するプラントエンジニアから始まって、人事・企画・M&Aなどの仕事をしました。独立してからは経営顧問・研修講師・執筆といった仕事をしてきました。

いろいろな仕事をしてきて思うのは、仕事はどれも同じということです。もちろん、仕事によって仕事の内容は異なります。ただ、「すべての仕事は成果を求められている」ということと「すべての仕事は人を通して行われる」ということはどんな仕事も同じです。

そんな中で、「仕事をするうえで大切なことを一つ挙げてみろ」と言われれば、まず出てくるのが「人との信頼関係を築けるかどうか」ということです。それは、エンジニアであろうが人事であろうが研修講師であろうが、職種に関係なく極めて大切なことです。

ここでみなさんに質問です。人との信頼関係を築くうえで何が大切だと思いますか。それも、一般論ではなく、みなさんのこれまでの人生経験を踏まえて、何が大切だと思っているか答えてみてください。

STOP

読み進めるのを一旦停止して、問いに答えてみてください。

人との信頼関係を築くうえで何が大切だと思いますか。

私はマネジメント研修を行うときに、受講生にいつもこの質問をします。そして、グループでこの質問の答えに関するディスカッションをしてもらいます。私は各テーブルを回って、受講生のみなさんの話を聞くのを楽しみにしています。そこには人それぞれに、これまで歩んできた人生がにじみ出ます。話を聞きながら「この人はこのようにして人生を歩んでこられたんだな〜」と思います。

もちろん、信頼関係を構築するために大切だと思っていることは人によってさまざまです。ただ、共通することもたくさんあります。例えば、「嘘をつかない」「約束を守る」「誠実に」「相手の立場に立って」「親身になって」といった言葉がよく出てきます。

実は、こういった言葉を総合したものが、ドラッカーの言う「真摯《しんし》さ」なのです。ただ、日本語に訳されている「真摯さ」は、原書では前後の文脈からすると“integrity of character”です。

この“integrity”という言葉は、日本語では一般的に「真摯さ」「高潔」「誠実」「整合性」などと訳されています。日本語の「真摯さ」は「まじめ」「ひたむき」「誠心誠意」といった意味で使われていると思いますが、英語の“integrity”は「まじめ」「ひたむき」「誠心誠意」といった意味だけではありません。

“integrity”にはその根底に「堅固な道義心」といった意味合いがあります。ただ、道義心があるだけではダメで、その道義心が実践されていなければ“integrity”のある人とは言われません。なので、“integrity”は日本語で「知行合一」「言行一致」などと訳されている場合もあります。

ドラッカーは“integrity”を定義するのは難しいが、“integrity”が欠如する人物の例を挙げるのは難しくないと言います。一例として「何が正しいかよりも、誰が正しいかに関心をもつ者」[*181]を挙げ、そういう人間をマネジャーにすべきではないと言います。

そしてドラッカーは、「知識がさしてなく、仕事ぶりもお粗末であって判断力や行動力が欠如していても、マネジメントの人間として無害なことがある。しかし、いかに知識があり、聡明であって、上手に仕事をこなしていても、真摯さに欠ける者は組織を破壊する。組織にとって最も重要な資源である人を破壊する。組織の精神を損なう。成果を損なう。このことは、特にトップマネジメントについていえる。しかも、組織の精神はトップで形成される」[*182]と言うのです。

＊181、182『マネジメント　課題、責任、実践』P・F・ドラッカー著、上田惇生訳、（ダイヤモンド社）の第36章

最近の企業や政府機関の不祥事を見ても、トップマネジメントが「何が正しいかより誰が正しいか」をベースにしている場合、組織や人が破壊されることになったと思います。ドラッカーの言うとおりです。

マネジメント分野でよく読まれている本に、スティーブン・R・コヴィーが書いた『7つの習慣』（キングベアー出版）があります。この本の中に「誠実さ」という言葉が頻繁に出てきます。この本を原書で読むと、この「誠実さ」は“integrity”です。

スティーブン・コヴィーは『7つの習慣』の中で、この“integrity”を「自分に約束し、それを守る能力、『言行一致』のことである」*183と定義しています。この「自分に約束し、それを守る能力」ということについてもう少し説明しておきたいと思います。

「現実」に「自分の言葉」を合わせることを正直と言います。例えば、自分のミスで現場が大変な状況になっていることを包み隠さず伝えることが正直です。ただ、正直よりもっと大切な“integrity”は、「自分の言葉」に「現実」を合わせることです。

つまり、自分が言ったことを必ず実現させようとする態度です。もちろん、自分が言ったことは現実的には実現できない場合もあります。ただ、自分が言ったことを何が何でも実現させせようとする人はやはり信頼が置けます。

ドラッカーは、マネジャーの仕事はだれでも学ぶことができるが、マネジャーがどうしても身につけていなければならない資質が一つだけある、それは「才能ではない。真摯さである」[*184]と言います。

人の上に立って仕事をする人が、頭が良かったり仕事ができたりすることは悪いことではないでしょう。しかし、人の上に立って仕事をする人として一番大切なのは、「この人についていって大丈夫なのか。人間的に信頼できる人なのか」ということです。そして、その信頼の基盤となるのが、堅固な道義心を持ち言行が一致しているという、人間としての「真摯さ」なのです。

特に会社役員は、自分が最後まで責任をとれないことについて意思決定することになります。会社役員が行う今日の重要な意思決定の結果がでるのは、多くの場合その意思決定をした会社役員がその組織にいなくなってからです。

そんな意思決定をする人が、自分のことしか考えていないような人では困るのです。従

*183 『完訳7つの習慣』スティーブン・R・コヴィー著、フランクリン・コヴィー・ジャパン訳、(キングベアー出版)の第2部の第3の習慣

*184 『マネジメント 課題、責任、実践』P・F・ドラッカー著、上田惇生訳、(ダイヤモンド社)の第31章

業員や顧客や社会の未来のことを心から心配し、多くの人から信頼されている真摯な人でなくてはならないのです。

本書の第2章で説明した企業の社会的責任に関しても、会社役員の真摯さが重要になります。ドラッカーは社会的責任に関して最も大切なのは「知りながら害をなすな」[*185]だと言います。

企業がよく不祥事を起こします。自動車会社の燃費偽装や認証取得の不正問題。製造業のデータ改ざん問題。これらの不祥事に共通することは何でしょうか。「知っていながらしてはいけないことをした」ということです。

人間は不完全な生き物です。一生懸命頑張っていても顧客の期待に応えられないことがあります。つまり、私たちは顧客に対して必ずよい結果をもたらすことを約束できない場合があります。しかし、「知りながら害をなさない」ということだけは約束できます。企業人がこのことを約束できなければ、何も信じられない社会になってしまいます。

ガバナンスやコンプライアンスと言う前に、経営層が「知りながら害をなすな」を率先し、その精神を全社に行き渡らせなければならないのです。経営層の重要な役割に「基準を設ける、模範を示すといった、会社の『良心』としての役割[*186]」があります。そして、「組織の気風は経営層しだいで決まる」[*187]のです。

会社役員が「必ず身につけていなければならない資質」としての「真摯さ」の説明はこれで終わりですが、「真摯さ」はビジネスに携《たずさ》わるすべての人にとって極めて大切な資質です。

第4章で説明した未来創造においても、極めて重要なのが「真摯さ」です。未来は不確実です。何が起こるかわかりません。すべてが順調にいくことなどありえません。困難の連続です。新しいことはそれがうまくいったにしても、当初思い描いていたものとはかなり違った形で成就するのが普通です。多くの困難を乗り越えて、そこまで持っていってくれる人がいるかどうかが重要なのです。

つまり、未来創造において極めて大切なのは、自分が言ったことを必ず実現させようとする態度です。すなわち、真摯な人間が未来創造に携わっているかどうかが未来創造の肝なのです。

＊185『マネジメント　課題、責任、実践』P・F・ドラッカー著、上田惇生訳、（ダイヤモンド社）の第28章
＊186、187『マネジメント　務め、責任、実践』P・F・ドラッカー著、有賀裕子訳、（日経BP社）の第50章

(4)強みを活かせ

ドラッカー経営学について説明してきましたが、ドラッカー経営学の極めて重要な考え方を十分に説明できていないことが一つあります。それは「強みを活かせ」ということです。

実は、この「強みを活かせ」ということは、会社役員が組織の成果をあげるうえで常に意識しておかなければならないことであると同時に、会社役員の極めて重要な責務でもあります。

ドラッカーは、マネジメントの仕事は「投入した資源の総和よりも大きなものを生み出すことである*188」と言います。そして、そのためには「人材の強みを活かし、弱みを軽減することが求められる。全体を本当の意味で一つにまとめるためには、これしか方法はない*189」と言うのです。

私のサラリーマン時代を思い返してみると、私の弱点をあげつらう上司もいましたが、ある部長は「國貞君もいろいろ問題はあるけれど、これはできるな、ここはいいところだな」と私のいいところを見て仕事をさせてくれました。彼の下で仕事をしていたときは、伸び伸びと仕事をさせてもらいましたし、組織にもそれなりに貢献できたと思います。

そして、その部長は当然ながら私にだけそういう態度で接していたわけではなく、すべての部下のいいところを見ていました。ですから、彼が部長のときは、メンバーみんなが活き活きとしていましたし、成果もあがっていました。

175ページで触れた、エグゼクティブが成果をあげるための「5つの習慣的能力」の3番目は「強みを活かせ」でした。190ページで説明した「上司のマネジメント」の中で肝となるのも「上司の強みを活かせ」ということでした。

イノベーションのところでは「強み」について触れませんでしたが、イノベーションにおいても強みを活かすことは極めて重要です。ドラッカーは次のように言います。「イノベーションは強みを基盤としなければならない。（中略）イノベーションほど、自らの強みを基盤とすることが重要なものはない。イノベーションにおいては、知識と能力の果たす役割が大きく、しかもリスクを伴うからである[*190]」

ただ、ドラッカーの言う「強み」とは、原書では“given”、日本語では「与件」と訳さ

*188 『マネジメント　課題、責任、実践』P・F・ドラッカー著、上田惇生訳、（ダイヤモンド社）の第31章
*189 『マネジメント　務め、責任、実践』P・F・ドラッカー著、有賀裕子訳、（日経BP社）の第50章
*190 『イノベーションと企業家精神【エッセンシャル版】』P・F・ドラッカー著、上田惇生訳、（ダイヤモンド社）の第11章

れているもののことです。つまり、後天的に獲得した知識やスキルというよりは、持って生まれた強み、もしくは働き始めるはるか前に形成されている強みのことを指しているのです。

「強み」という言葉自体は、原書では“strength”ですから、日本語としては「強み」で問題ありません。ただ、“given”という意味合いから言えば、「持ち味」と言った方がよいと思います。ドラッカーの言う「強み」とは、日本語で言えば個性・気質・性分といったものに関係するもののことなのです。

後天的に獲得して、それが得意分野となる知識やスキルに関しても、先天的なものが影響していることが少なくありません。私は子供のころから国語や英語より数学や物理の方が得意でした。どれもが後天的な知識ですが、国語や英語より数学や物理の方が得意というのは、何か先天的なものが影響しているように思えます。

後天的に獲得する知識やスキルに関するドラッカーの考え方は、「それがもし仕事の成果をあげるために必要なら自分で獲得してください」というものです。例えば、仕事の成果をあげるために英語や会計の知識が必要なら、自分で勉強してそれを獲得しなければなりません。通訳や公認会計士になるレベルではなく、仕事で使うレベルの英語や会計の知識であれば、だれでもある程度は獲得できます。

後天的に獲得した知識やスキルが、仕事の成果に影響を与えることは言うまでもありません。会計の知識がなくては会計分野では働けませんし、ＩＴの知識がなくてはシステム分野では働けません。自分の専門分野の知識やスキルは高め続けなければなりません。ただ、仕事の成果に影響を与えるのは、後天的に獲得した知識やスキルだけではありません。人の個性・気質・性分といったものも成果に極めて大きな影響を与えます。

私がお付き合いをしてきた二人の社長がいます。一人は女性、もう一人は男性です。お二人とも家庭の事情があって、幼少期に親戚の家を転々としたという経験がおありでした。この二人に共通することは、「人の心を読む力」が並外れていることです。お二人ともよく勉強される方ですが、いまの成果の多くは、彼らの「人の心を読む力」で成し遂げられているように感じます。恐らくその能力は、幼少期に親戚の家を転々とし、小さい頃から人の顔色を見ながら生活せざるを得なかったことで磨かれたのではないかと思います。

私自身の話で恐縮ですが、昔から私が自覚している自分の性格は「あまのじゃく」ということです。みんなが右に行くなら私は左へ行くといった性格です。この性格が、『財務3表一体理解法』というこれまでにない会計勉強法を生み出せた一つの要因だと思っています。だれもが「財務会計を理解したいなら簿記を学べ」と言いますが、私はすぐに「本当にそうなのか」と思ってしまう性格なのです。

そして、仕事の成果に結びつく「持ち味」がどこにあるのかは、本人でさえなかなかわかりません。人の成長を見てきたマネジャーならだれでも知っていることですが、人は思いもよらぬところで力を発揮してくれます。仕事はやってみないと何に向いてるかなどわからないのです。

私は元々エンジニアであり、会計部門で働いたことはありませんでした。それが、40歳をはるかに超えてから会計の本を書くことになるなど、だれも想像していなかったでしょうし、私自身も想像だにしていませんでした。

しかし、それができたのは、なにがしかの私の「持ち味」としての強みが活かされたからだということは間違いありません。ドラッカーも「何事かを成し遂げられるのは、強みによってである。弱みによって何かを行なうことはできない[*191]」と言います。

「持って生まれた強みを活かせ」と言われると、多くの人が「私にはだれにも負けない強みなどありません」といった反応をします。しかし、人と比較する必要などないのです。

ドラッカーは次のように言います。成果をあげる人は「自分自身であろうとする。決して、ほかのだれかであろうとはしない」[192]。「だれにも負けない強み」を持っている人などほとんどいません。しかし、「だれにも負けない強み」はなくても、人には人それぞれの「持ち味」があります。その人それぞれの「持ち味」を活かせばいいのです。

人間の「持ち味」というのは誠に不思議なものです。人それぞれにさまざまな個性・気質・性分があり、それが後天的に獲得する知識やスキルにも影響を与え、それら先天的なものと後天的なものが渾然《こんぜん》一体となって、その人独特の個性と能力を作りあげています。それがその人の「持ち味」です。

ドラッカーは次のように言います。「肉体労働に必要な適性や技能については、極めて信頼度の高いテストがある。大工や機械工として仕事ができるかどうかは、前もってテストできる。しかし、知識労働に適したテストはない。知識労働において必要なものは、あれこれの技能ではなく、総合的な適性と能力だからである。そのような適性と能力は、実際に仕事をして初めて明らかになる」[193]（傍点著者）

＊191　『明日を支配するもの』P・F・ドラッカー著、上田惇生訳、（ダイヤモンド社）の第6章
＊192、193　『［新訳］経営者の条件』P・F・ドラッカー著、上田惇生訳、（ダイヤモンド社）の第4章

ちなみに、右の引用文の中の「総合的な適性と能力」と日本語に訳されている部分は、原書では“configuration”の一語です。“configuration”は、一般的に「配置」とか「構成」と訳され、コンピューター分野では「機器構成」や「設定」と訳されている言葉です。

つまり、知識労働においては、人間のさまざまな要素が複合的に絡み合って独特の個性と能力が形成され、それが人や職場や仕事との相性とも絡んで、成果につながっていくのです。

なのでドラッカーは、「強みを知る方法は一つしかない。フィードバック分析である[*194]」と言います。ここでのフィードバック分析とは、仕事を始めるときの期待と実際の結果を照合してみるということです。何事も期待通りにはいかないし、逆に期待とは全く違う結果が出るということもよくあることです。つまり、自分がどんな「持ち味」を持っていて、どんな職場でどんな仕事をすることで成果があげられるかは、実際に現場で仕事をやってみないとわからないということなのです。

余談ですが、江戸時代の儒学者である荻生徂徠《おぎゅうそらい》が、人を使う心得として書いた「徂徠訓」というものがあります。その第1カ条は「人の長所を初めより知らんと求むべからず。人を用いて初めて長所の現るるものなり」です。ドラッカーが言っていることと同じです。

古今東西、慧眼《けいがん》を持っている人は、物事の本質を同じように見極めているのです。

私は独立して20年以上が経ちますが、自分が書いた本がヒットしたというだけでなく、顧問先においても主に書くことによって評価されてきました。元々エンジニアで、子供のころから国語が苦手だった私が、書くことで生計を立てるような人生を送ることになるとは思ってもいませんでした。人の「持ち味」がどこにあるかは、実際に仕事をやってみないとわからないのです。

ドラッカーは次のように言います。「優れた組織をつくりあげる鍵は、働き手の潜在能力を見つけ、それを伸ばすことに時間を使うことである」*195

人はだれも例外なく一長一短です。得意なことと不得意なことがあります。組織全体の成果をあげようと思えば、みなさんご自身の「持ち味」を活かすことはもちろんのこと、上司や部下も含め、一人ひとりの「持ち味」を活かすことを常に意識しておく必要があるのです。

そして、人の「持ち味」を活かすための第1歩は、この人は「何ができる人なのか」「何

*194 『明日を支配するもの』P・F・ドラッカー著、上田惇生訳、(ダイヤモンド社)の第6章
*195 『ネクスト・ソサエティ』P・F・ドラッカー著、上田惇生訳、(ダイヤモンド社)の第Ⅲ部第2章

が得意な人なのか」という視点で人と接することです。
ドラッカーは次のように言います。「同僚、部下、上司について、『できないことは何か』ではなく、『できることは何か』を考えるよう意識的に行動するならば、強みを探し、それを使うという姿勢を身につけることができる。そして、やがて自らについても、同じように考えることを身につけることができる」[*196]
この「持ち味を活かす」ということは、組織の成果をあげるうえで大切であるというだけでなく、会社役員の責務という点でも極めて重要です。
ドラッカーは、原書で800ページに及ぶ大著『マネジメント』の最終章で次のように述べています。「社会においてリーダー的な階層にある者は、自らの役割を果たすだけでは不十分である。成果をあげるだけでは不十分である。正統性をもたなければならない。社会から正統なものとしてその存在を是認されなければならない」[*197]
では、マネジメントの正統性とは何なのでしょうか。顧客のニーズを満たして経済的な成果をあげるだけでは十分ではありません。ドラッカーは「そのような正統性の根拠は一つしかない」[*198]、それは「人の持ち味を生産的なものにすることである。組織とは、人が個人としてまた社会の一員として、貢献と自己実現を見出す手段なのである」[*199]と言うのです。

つまり、マネジメントの最も大切な役割は、一人ひとりの「持ち味」を活かして社会に貢献させ、そのことを通して従業員が自己実現を果たし、社会における自分の存在意義を感じさせることなのです。

企業の運営責任者としての会社役員の役割はいくつもあります。ただ、ドラッカーがそれらの中で一番大切だと考えていたのは、やはり「人間」に係わることだったのです。

(5) 理論より実践

20ページで説明したように、初期の資本主義は「自由放任」でうまくいきました。その自由放任の中で、アメリカは第一次世界大戦中の連合国への軍事物資の供与などにより大

*196 『[新訳]経営者の条件』P・F・ドラッカー著、上田惇生訳、(ダイヤモンド社)の第4章

*197 『マネジメント　課題、責任、実践』P・F・ドラッカー著、上田惇生訳、(ダイヤモンド社)の最終章「結論」。引用文の中の「正統性」は原文では"legitimacy"です。

*198 『マネジメント　課題、責任、実践』P・F・ドラッカー著、上田惇生訳、(ダイヤモンド社)の最終章「結論」

*199 Peter F. Drucker "Management: Tasks, Responsibilities, Practices" Collins Businessの最終章の内容の著者による翻訳。原文は":to make human strength productive. Organization is the means through which man, as an individual and as a member of the community, finds both contribution and achievement."

きな利益をあげました。第一次世界大戦後のアメリカは、国土が戦場にならなかったこともあって好景気に沸き、株価は上昇を続けました。しかし、株価高騰のバブルは弾け、アメリカだけでなく世界を巻き込む恐慌へとつながっていきました。

第一次世界大戦の敗戦国だったドイツは、この世界恐慌の影響を受け経済が大混乱しました。そんな状況の中で、支配的な力を持つようになったのがファシズム全体主義でした。

ドラッカーは次のように言います。「組織が自主性と強大な力を持ち、成果をあげられる状況が失われたら、それに取って代わるのは専制でしかない。多数の組織が競い合う状況が失われ、絶対的な権力を持ったひとりの人物による支配がはじまる。責任に代わって恐怖が幅を利かせる*[200]」

ドラッカーは元々社会学者で、マネジメントには興味がありませんでした。その彼がなぜマネジメントの研究に邁進していったのか。それは、一人の独裁者の支配によって市民が不幸になった惨状を目の当たりにしたからでした。しかも、ドラッカーはユダヤ系です。

ドラッカーは次のように言います。「組織を柱とした多元的な社会において、かりに組織が責任に裏打ちされた自主性のもとで成果をあげなかったなら、個人は自由や独立性を得られず、社会における自己実現も叶《かな》わないだろう。（中略）組織を柱とした多元的な社会で自由と尊厳を保つためには、組織に自主性と責任を与え、高い成果をあげさせるのが唯一の方法である[*201]」

ドラッカーは、専制によるあの不幸な状況を再来させないためにも、「責任と自由」をベースにした「成果」にこだわる経営学を提唱したのです。

そして、責任に裏打ちされた自主性のもとで、組織が成果をあげる要となるのが、本書をお読みの会社役員のみなさんであることは間違いありません。

ドラッカーは成果にこだわります。70歳を超えてから『イノベーションと企業家精神』という本を書いたのも、イノベーションの信頼性と確実性を高めるためでした。

１８３ページで説明したように、ドラッカーは「意思決定の中に実行の手順と責任を組み込んでおく必要がある」と言いました。これも成果につながる意思決定にするためでした。

経営学の分野には「理論」と呼ばれているものがたくさんあります。学問の分野で高く評価されている理論であっても、ビジネスの分野ではそれが成果に結びつかないのなら意

＊200、201『マネジメント　務め、責任、実践』P・F・ドラッカー著、有賀裕子訳、（日経BP社）の「はじめに」

味はありません。

ビジネスの現場では、勉強ばかりして一歩を踏み出そうとしない人や、たくさん知識があるのに成果をあげられない人は、「頭でっかち」と揶揄《やゆ》されます。

もちろん、第1章でも触れたように、いろいろな考え方を教わったり学んだりすることは大切です。しかし、ビジネスの分野においてもっと大切なことは、その考え方を自分の頭と手足を使って成果に結びつけることなのです。

ドラッカーが経営分野において人生をかけて行っていたことは、「経験上の事実に自らの身を置いて、それらの事実の根底にある原則は何で、いかにしてそれらの原則を利用できるかを問うこと」*202でした。しかし、ドラッカーは自らの考え方を「理論」と呼ぶことはありませんでした。

「理論と実践」という言葉がありますが、ドラッカーがより大切だと考えていたのは間違いなく「実践」でした。ドラッカーが「マネジメントの父」と呼ばれるきっかけとなった書籍『現代の経営』(ダイヤモンド社)の原書のタイトルは"The Practice of Management"です。直訳すれば「マネジメントの実践」です。

ドラッカーは次のように言います。「マネジメントとは要するに実践である。知識や理解よりも実践こそが本質なのだ。真価は理屈ではなく結果にこそ宿る」[*203]

現場でビジネスを行っている人にとっては、心に突き刺さる言葉ではないかと思います。私たちビジネスに携わる者にとって大切なのは、実践であり成果なのです。

さあ、本書をお読みの会社役員のみなさん、あなたは会社の運営責任者として、何を為し、何を成し遂げるおつもりでしょうか。

＊202 Peter F. Drucker with Joseph A. Maciariello “Management Revised Edition” Harper Businessの冒頭の“Peter Drucker's Legacy by Jim Collins”の内容の著者による翻訳。原文は“Drucker immersed himself in empirical facts and then asked, “What underlying principle explains these facts, and how can we harness that principle?”

＊203 『マネジメント　務め、責任、実践』P・F・ドラッカー著、有賀裕子訳、（日経BP社）の「はじめに」

おわりに

最後までお読みくださりありがとうございました。いかがでしたか。「はじめに」に書いたように、視野が広まると同時に視点が高まりましたでしょうか。そして、会社役員としての役割と経営者としての「考え方の軸」が整理できましたでしょうか。

ドラッカーは、『マネジメント【エッセンシャル版】―基本と原則―』が2001年に新しい翻訳で再出版されるにあたって、書籍の冒頭に「日本の読者へ」と題して、数ページのまえがきを寄稿しています。その中に次のような文章があります。

「日本では企業も政府機関も、構造、機能、戦略に関して転換期にある。そのような転換期にあって重要なことは、変わらざるもの、すなわち基本と原則を確認することである。そして本書が論じているもの、主題としているもの、目的としているものが、それら変わらざるものである*204」

右の引用文の中の「基本と原則」は、英語では"principle"であり、本書の中で「時代が変わっても変わらない物事の本質」と言ってきたものです。変化の時代にこそ頼るべきものは、時代が変わっても変わらない「物事の本質」です。

ただ、だれもが簡単に「物事の本質」を見抜けるわけではありません。例えば、「新しい事業を創造せよ」と言われると、何から手をつければよいのかわかりません。

しかし、よく考えてみれば、どんな事業であっても、そこに需要がない限り事業としては成り立ちません。

そして、新しい需要は主に変化の中から生まれます。三菱グループが海運業から始まって、ありとあらゆる事業を生み出していったのも、そこに社会の変化があり新しい需要があったからです。

もう一つ。新しい需要は人間によってつくり出されます。スティーブ・ジョブズがスマートフォンという新しい携帯端末を生み出し、新しい需要が創造されたのです。

そう考えてみれば、ドラッカーが言うように、新しい事業を生み出すには「変化を機会として利用する」ということと「アイデアを事業として実現する」という2つの方法論があることがわかってきます。ドラッカーのような人の助けがあるから、私たちも「物事の本質」に気づけるのだと思います。

＊204 『マネジメント【エッセンシャル版】―基本と原則―』P・F・ドラッカー著、上田惇生編訳、（ダイヤモンド社）の冒頭の「日本の読者へ」

ドラッカーが提示してくれているのは、変わらざる基本と原則であり、時代が変わっても変わらない物事の本質です。変化の時代だからこそ、ドラッカーの大局観と本質論が必要になってきているのだと思います。

本書を読んでドラッカーの考え方に興味をもたれた方は、ドラッカー本人が書いた書籍でその内容を確認してみてください。本書で、ドラッカー書籍の引用や要約をしたのは、ドラッカー書籍のほんの一部です。ドラッカーの考え方を伝えきれていないところがたくさんあります。

そして、読むべきドラッカー書籍の読むべき箇所を見極める際に、本書を検索用の本としてご活用いただければと思います。

本書では、直接引用・間接引用共に出典を明記しておきました。ドラッカー書籍の翻訳本は何度も改訂されています。本書では、現在なかなか手に入りにくい古い翻訳の書籍も参照しています。引用書籍のページ番号を示しても該当するところに辿りつけない場合があると思いましたので、本書では引用箇所が出てくる章の章番号を記しておきました。

ドラッカーの指摘の鋭さにほれぼれするのは私だけではないと思います。ドラッカーの原本や原書を読めば、もっとたくさんの発見や気づきがあると思います。

また、私が書いた本の紹介で誠に恐縮ではありますが、ドラッカー経営学の解説書として次の4冊が出版されています。

1.『究極のドラッカー』（角川新書）
2.『現場のドラッカー』（角川新書）
3.『渋沢栄一とドラッカー　未来創造の方法論』（KADOKAWA）
4.『ドラッカーが教えてくれる「マネジメントの本質」』（日本経済新聞出版）

『究極のドラッカー』は、ドラッカー経営学の全体像と基本的な考え方を解説したものです。なお、この本の英訳版は、弊社ボナ・ヴィータ コーポレーションのホームページ（https://www.migiude.com/dl.html）から無料でダウンロードできます。

『現場のドラッカー』は、ある会社で『究極のドラッカー』が全社員で読まれ、ドラッカー経営学が社内の共通言語になり、業績がV字回復した会社の実例を説明しています。ちなみに、本書の40ページの図表2－1は、この会社の社長が考案されたものを許可を得て使わせていただいています。

『渋沢栄一とドラッカー　未来創造の方法論』は、ドラッカー経営学の中の「未来創造の方法論」に焦点をあてて書いた本です。

『ドラッカーが教えてくれる「マネジメントの本質」』は、ドラッカー経営学の中の「人のマネジメント」に焦点をあてて書いた本です。

ドラッカー経営学を学ぶみなさんの目的にしたがって、それぞれにご活用いただければ嬉しく存じます。


本書の終わりに、この紙面をお借りして感謝の気持ちをお伝えしておきたい方がいます。

一人目は、日本経済新聞社の吉澤睦さんです。実は、本書は日経ビジネススクールで行っている「経営の本質と会社役員の役割」という講座に、一部加筆して書式化したものです。

数年前、日経ビジネススクールで会社役員向けのさまざまな講座を準備された際に、それら会社役員向けの講座を受講する方々が、「経営課題について自分自身で考え、方向性を決める際の軸となるようなものが学べる講座を作りたい」ということで、ドラッカー経営学をベースにした講座の企画を私に依頼してくださったのが吉澤さんでした。

吉澤さんとはかれこれ20年のお付き合いになります。吉澤さんにお会いした当時、私が顧問先の役員に教えていただけで、まだだれからも評価されていなかった「財務3表」を一体にした会計勉強法を、初めてオープンセミナーとして日経ビジネススクールで実施させてくださったのが吉澤さんでした。そのオープンセミナーの成果が、その後『財務3表一体理解法』として出版されました。

今回もまた、吉澤さんのプロデュースで生まれた「経営の本質と会社役員の役割」という講座が、こうして書籍化されたことを嬉しく思います。

次は、朝日新聞出版書籍編集部長の宇都宮健太朗氏、「朝日新書」編集長の松尾信吾氏、編集部員の萩原貞臣氏です。『財務3表一体理解法』を中核にした「財務3表シリーズ」は朝日新聞出版で上梓していただき、シリーズ累計で90万部を超えるベストセラーに育てていただきました。今回の出版に際しても、たくさんの貴重なアドバイスとご支援をいただきました。

最後は、本書の出版に関してご尽力いただいたすべてのみなさんです。本を出版する際に私はいつも思うのですが、一冊の本ができあがって読者に届くまでには、図版作成・デザイン・DTP・校正・印刷・営業・取次・書籍販売など、それぞれの分野のプロの方々の大変なご尽力があります。出版では、映画のエンドロールのように関係者の名前が紹介されるわけではありませんが、表にお名前の出てこない多くのみなさんのご尽力によって、本書がいま読者のみなさんの手元に存在しているのだと思っています。

この場をお借りして、本書の出版にご尽力いただいたみなさんに、さらには私の人生を支えてくださったすべてのみなさんに心より感謝申し上げます。

本書を読んでくださった会社役員のみなさんが、次の世代のために価値ある何かを残してくださることを心から願っております。

國貞克則

参照図書

1. Ｐ・Ｆ・ドラッカー著、上田惇生訳『[新訳] 現代の経営』ダイヤモンド社、１９９６年
2. Peter F. Drucker "The Practice of Management" Harper, 1954
3. Ｐ・Ｆ・ドラッカー著、上田惇生訳『[新訳] 創造する経営者』ダイヤモンド社、１９９５年
4. Ｐ・Ｆ・ドラッカー著、上田惇生訳『創造する経営者』ダイヤモンド社、２００７年
5. Peter F. Drucker "Managing for Results" Harper, 1964
6. Ｐ・Ｆ・ドラッカー著、上田惇生訳『[新訳] 経営者の条件』ダイヤモンド社、１９９５年
7. Ｐ・Ｆ・ドラッカー著、上田惇生訳『経営者の条件』ダイヤモンド社、２００６年
8. Peter F. Drucker "The Effective Executive" Harper Business, 1967
9. Ｐ・Ｆ・ドラッカー＋ジョゼフ・Ａ・マチャレロ著、上田惇生訳『プロフェッショナルの原点』ダイヤモンド社、２００８年
10. Peter F. Drucker and Joseph A. Maciariello "The Effective Executive in Action" Collins, 2006
11. Ｐ・Ｆ・ドラッカー著、上田惇生訳『マネジメント　課題、責任、実践』ダイヤモンド社、２００８年
12. Ｐ・Ｆ・ドラッカー著、有賀裕子訳『マネジメント　務め、責任、実践』日経ＢＰ社、２００８年
13. Peter F. Drucker "Management: Tasks, Responsibilities, Practices" Collins Business, 1973
14. Ｐ・Ｆ・ドラッカー著、上田惇生編訳『マネジメント【エッセンシャル版】―基本と原則―』ダイヤモンド社、２００１年

15. P・F・ドラッカー著、ジョゼフ・A・マチャレロ編、上田惇生訳『経営の真髄』ダイヤモンド社、2012年
16. Peter F. Drucker with Joseph A. Maciariello "Management Revised Edition" Harper Business, 2008
17. P・F・ドラッカー著　小林宏治監訳　上田惇生、佐々木実智男訳『イノベーションと企業家精神』ダイヤモンド社、1985年
18. P・F・ドラッカー著、上田惇生訳『イノベーションと企業家精神【エッセンシャル版】』ダイヤモンド社、2015年
19. Peter F. Drucker "Innovation and Entrepreneurship" Harper, 1985
20. P・F・ドラッカー著、上田惇生訳『企業とは何か』ダイヤモンド社、2008年
21. P・F・ドラッカー著、上田惇生＋佐々木実智男訳『新しい現実』ダイヤモンド社、1989年
22. P・F・ドラッカー著、上田惇生＋佐々木実智男＋田代正美訳『ポスト資本主義社会』ダイヤモンド社、1993年
23. P・F・ドラッカー著、上田惇生訳『明日を支配するもの』ダイヤモンド社、1999年
24. P・F・ドラッカー著、上田惇生訳『ネクスト・ソサエティ』ダイヤモンド社、2002年
25. P・F・ドラッカー著、上田惇生訳『非営利組織の経営』ダイヤモンド社、2007年
26. ジョゼフ・A・マチャレロ、カレン・E・リンクレター著、阪井和男、高木直二、井坂康志訳『ドラッカー　教養としてのマネジメント』マグロウヒル・エデュケーション、2013年
27. NHK「明治」プロジェクト編著『NHKスペシャル　明治1　変革を導いた人間力』NHK出版、

２００５年
28. スティーブン・R・コヴィー著、フランクリン・コヴィー・ジャパン訳『完訳７つの習慣』キングベアー出版、２０１４年
29. "Harvard Business Review" June, 2004

ここに記載した参考文献は私が所有し参考にした書籍です。ドラッカーの主要著作の日本語版については、「ドラッカー名著集」エターナル・コレクションとしてダイヤモンド社から２００６年以降再出版されています。

國貞克則（くにさだ・かつのり）
ボナ・ヴィータ コーポレーション代表取締役。1983年、東北大学工学部卒業、神戸製鋼所入社。海外プラント輸出、人事、企画、海外事業企画に従事。米国クレアモント大学ピーター・ドラッカー経営大学院でドラッカーから直接学び、1996年にＭＢＡ取得。2001年ボナ・ヴィータ　コーポレーションを設立して独立。著書に『財務3表一体理解法』シリーズ（朝日新書)、『ドラッカーが教えてくれる「マネジメントの本質」』（日本経済新聞出版）等、多数。

成果《せいか》をあげる経営陣《けいえいじん》は「ここ」がぶれない
今《いま》こそ必要《ひつよう》なドラッカーの教《おし》え

2024年９月30日　第１刷発行

著　　者　國貞克則
発 行 者　宇都宮健太朗
発 行 所　朝日新聞出版
〒104-8011　東京都中央区築地５-３-２
電話　03-5541-8832（編集）
03-5540-7793（販売）

印刷製本　三永印刷株式会社

ISBN978-4-02-252015-9
定価はカバーに表示してあります。

落丁・乱丁の場合は弊社業務部（電話03-5540-7800）へご連絡ください。
送料弊社負担にてお取り替えいたします。